처음 하는
평화 공부

처음 하는
평화 공부

인권과 인도에 관한
아홉 가지 이야기

모가미 도시키 지음 | 김소라 옮김

궁리
KungRee

저의 책이 이웃나라 한국에서 『처음 하는 평화 공부』라는 제목으로 출간되어 더없이 기쁩니다. 이웃과의 교류라는 의미에서도 한국 독자 여러분들이 이 책을 어떻게 읽어주실지 궁금하고 기대가 됩니다.

본래 이 책의 토대가 된 것은 일본방송협회(NHK)에서 방영된 연속 강좌의 강의록입니다. 그 강의록에 새로운 주제를 몇 가지 추가하여 이와나미에서 책으로 펴냈습니다.

일본에서는 『지금 평화란いま平和とは』이라는 제목으로 2006년에 출간되었지요. 당시는 유럽에서 냉전이 종식된 뒤 더 나은 세계가 오리라는 기대가 어긋나 새로운 어려움에 직면한 시대였습니다. 그런 상황 속에서 평화를 이야기한다는 일은 어떤 의미인가, 평화에 대해 우리는 무엇을 이야기하고 어떻게 생각해야 할 것인가. '좀처럼 이루기 어려운 평화'를 위해 우리는 앞으로 어떻게 노력해야 할 것인가. 이런 문제들을 평범한 시민 여

러분을 대상으로 이야기해보고자 펴낸 책입니다.

전문가가 아닌 평범한 시민을 대상으로 집필했기에 국가 간의 긴장과 분쟁, 군비확장과 군비축소, 정치와 경제 동맹 같은 거대 담론의 문제에만 초점을 맞추는 일은 되도록 피했지요. 평화란 주권 국가 간의 문제만이 아닌 궁극적으로는 시민 한 사람 한 사람의 문제이며, 평범한 시민들이 할 수 있는 일과 해야 할 일이 많다는 점을 먼저 독자들에게 전하고 싶었습니다. 저 자신이 법률가(국제법 전공)이기에 몇몇 장은 법률과 관련된 다소 어려운 내용일지도 모르겠습니다. 그럼에도 각 장마다 '평화는 시민의 과제가 되었다'는 현실을 전하고자 했습니다.

한국어판 출간을 계기로 책의 내용과 주제를 다시 한 번 살펴보았습니다. 그리고 만약 지금 이 시점에서 같은 제목의 책을 쓰게 된다면 어떻게 구성할 것인지 생각해보았습니다. 그리고 이렇게 결론을 내렸습니다. '나는 이번에도 같은 구성의 책을 쓰겠다'라고 말이지요.

물론 테러와 테러 전쟁이 증가하는 현실, 동북아시아의 오랜 긴장 관계 등 개별적으로 추가할 만한 중요한 문제는 여럿 있습니다. 하지만 '평화는 소중하므로 다 함께 기원합시다' 같은 허울 좋은 말에 그치지 않고, 전 세계 시민들이 자신의 일로 생각해야 할 문제는 무엇인지 질문을 던진다는 점에서 근본적인 변화는 없다는 결론을 생각 끝에 내린 것입니다.

그뿐만이 아닙니다. 이 책에서 다룬 문제들은 초판 간행 이래

12년이 흐른 지금도 해결되기는커녕 더욱 악화된 경우가 많습니다. 원래부터 저는 동북아시아에서든 유럽에서든 아메리카 대륙에서든 평화가 쉽게 실현될 것이라는 낙관적인 전망은 하지 않습니다. 그렇다 해도 왜 이토록 인간의 사고와 행동은 변하지 않는 것일까요. 적과 아군을 나누는 이분법, 적을 섬멸하려는 생각, 인간의 평등을 부정하고 타자를 차별하는 생각, 자신과 자국의 판단 기준을 타자에게 강요하는 독선, 강자를 존중하고 약자를 업신여기는 자세는 모두 평화의 건설을 방해할 뿐입니다. 그런데도 인간은 도무지 그런 성향에서 벗어날 수 없는 듯이 보입니다.

더불어 또 한 가지 같은 결론을 내렸습니다. 상황이 갑자기 좋아질 수는 없지만 그럼에도 포기하지 말자는 것입니다. 평화의 실현을 포기할 수 있는 사람은 그렇게 해도 잃을 것이 아무것도 없는 사람들뿐이며, 전쟁에 내몰리거나 난민이 되어 괴로움을 맛보고 타국에서 성폭력의 피해자가 되는 사람들은 무슨 일이 있어도 포기할 수 없습니다. 때마침 강자 편에 있어 그럴 수 있는 처지에 있다고 쉽게 평화를 포기하는 것은 곧 세계 시민의 책임을 포기하는 것이라고 저는 생각합니다.

본디 형제자매였던 한국인 여러분과 일본인이 문화적으로 먼 다른 나라 사람들에 비해 이야기가 더 잘 통할지 저는 확실히 알지는 못합니다. 그럴지도 모르겠다고 생각할 때는 있습니다. 제 한국 친구들이 모두 친절하고 언제나 예의 바르게 제 의견을 수긍해주기 때문이 아닐까 싶습니다. 하지만 역시 살아가는 방식과 사고방식의 토대에 공통되는 점이 있는 것은 확실하며, 그것을 소중히 여겨야 한다는 사실도 분명합니다. 같은 세계 시민으로서 같은 과제를 가지고 있다는 사실도 마찬가지이지요.

처음 일본어판을 집필할 때부터 평화가 국가와 국적을 초월한 문제라는 사실을 전할 수 있기를 바랐습니다. 부족한 책이지만, 그 바람을 이웃나라 한국의 여러분들과 공유할 수 있다면 저자로서 그보다 더 큰 기쁨은 없을 것입니다.

모가미 도시키

평화라는 말을 들으면 경계부터 하는 사람들이 적지 않습니다. 정치적으로 복잡한 이야기가 시작될 것 같다고 생각해서일까요?

다짜고짜 그런 말은 진지하게 받아들일 수 없다고 하는 사람도 있습니다. 허황된 이상론이라고 여기기 때문인 모양입니다.

반면 평화는 진지하며 심각한 문제이므로 즐겁게 이야기해서는 안 된다고 하는 사람도 있습니다. 평화는 이야기를 나누거나 연구하는 대상이 아니라 만드는 것이라는 생각도 있습니다.

이 모든 의견에는 저마다 일리가 있습니다. 평화의 의미와 평화를 실현하기 위한 방법을 놓고 심각한 갈등이 빚어지거나 사회 분위기가 험악해지는 예는 일본에도 있으며, 다른 나라에도 있습니다. 누구나 평화를 원하는데도 언제나 그것을 파괴하는 사람들이 나타나기에, 얼마나 노력해야 영속적인 평화를 이룰 수 있을까 하는 안타까운 심정을 인류는 몇 번이나 맛보기도 했습니다. 한편 평화는 진지하며 심각한 문제이기도 합니다. 특히 평화 그 자체보다 평화를 빼앗긴 사람들과 평화를 잃은 상황은 외부인이 함부로 이렇다 저렇다 할 수 없을 만큼 심각한 경우가 있습니다.

이런 사실을 알고 있음에도, 저는 평화에 대해서 생각할 필요가 있으며 그럴 가치가 있다고 생각합니다. 누구나 평화를 원한다면 언제나 평화에 대해 생각해두어야 합니다. 누구나 원하는데도 평화를 실현하기 쉽지 않다면 더욱 잘 생각해보아야 합니다. 또한 평화에 대해 깊이 생각하는 일은 역사에 참여하는 일이기도 하므로, 생각할 가치를 크게 느낄 수도 있을 것입니다.

제한된 지면을 통해 어떤 이야기를 할지 여러모로 생각해보았습니다. 그 결과 제가 고른 것이 바로 이 책의 내용입니다. 입장이 달라도 함께 생각해볼 수 있는 문제라는 조건을 기본으로 삼고 조합해보니 이런 내용이 되었습니다. 그 밖에도 다루어야 할 중요한 문제는 있습니다. 하지만 평화는 범위가 아주 넓은 문제라는 점, 무엇 하나 포기하고 방치할 수 없는 문제라는 점, 우리가 서로 분열하지 않고도 '함께 생각할' 수 있는 문제는 수없이 많다는 점. 우선 이런 점들만이라도 확인할 수 있기를 바랐습니다.

이 책에서 다루는 다양한 문제에 정해진 답은 없습니다. 어떤 답을 이끌어낼지는 독자 한 사람 한 사람에게 맡기겠습니다. 다만 세상에는 '답을 찾고 싶어지는 문제'가 있다는 점만큼은 독자 여러분에게 전할 수 있기를 염원합니다.

· · ·

　이런 관점에 입각하여, 〈지금 평화란〉이라는 제목의 강의록을 엮어 2004년 10월부터 11월까지 〈NHK 인간 강좌〉라는 TV 프로그램에서 8회 연속으로 강좌를 방송했습니다. 이 책은 당시의 강의록을 바탕으로 몇 가지 항목을 덧붙여 다시 쓴 것입니다. 많은 분들이 프로그램과 강의록에 호의적인 의견을 보내주셨습니다. 그중에는 공부 모임의 교재로 삼았다는 반가운 소식도 있었지요. 그래서 강의록을 책으로 펴내기로 일찌감치 정해져 있었지만, 워낙 바쁘다 보니 좀처럼 작업을 시작하지 못하다 드디어 세상에 내놓게 되었습니다.

　강의록과 책 분량이 크게 차이 났기 때문에 기존 분량의 절반 정도를 추가해서 썼습니다. 강의록에 포함한 내용은 되도록 남겨두고(일부 중복되는 부분은 정리했습니다), 새로 쓴 부분도 강의록과 같은 어조로 썼습니다. 강의록을 읽어주신 분들의 감상 중에는 얼굴 붉혀가며 논쟁을 하지 않아도 평화에 대해 이야기할 수 있다는 사실이 큰 격려가 되었다고 하는 의견이 여럿 있었기에, 그에 부응해야겠다고 생각했기 때문입니다.

　이 소박한 책을 계기로, 희미해져가던 평화에 대한 관심을 되찾는 분이 조금이라도 많아지기를 바랍니다. 그것이 이 책의 목적이므로, 필요 이상으로 전문적인 내용이나 어려운 내용은 많이 담지 않으려 했습니다. 대신 더 많은 자료를 읽고자 하시는 분을 위해 '더 읽을거리'를 책의 말미에 실었습니다. 평화에 대해 좀 더 알고 싶은 분들에게 참고가 되었으면 합니다.

차례

끊임없는 무력분쟁
'새로운 전쟁'의 시대에

(사진 제공: 마이니치신문사)

의족을 한 소녀. 아프가니스탄 칸다하르 난민 캠프의 풍경.

1

밥 딜런과
에라스무스

: 변함없는 소원 :

바람만이 아는 대답

..

1960년대에 전 세계 젊은이들의 마음을 사로잡은 밥 딜런이라는 미국 가수가 있습니다. 지금도 음악 활동을 계속하고 있는데, 당시에는 기성 문화에 반항하며 기성세대의 사회를 통렬히 비판하는 노래를 불러 반체제의 슈퍼스타로 떠올랐던 사람입니다. 밥 딜런의 히트곡 중 하나가 〈바람만이 아는 대답Blowin' in the Wind〉(1962)입니다. 당시 '저항 가요'라고 불리던 반전가로, "하늘을 나는 흰 비둘기는 대체 얼마나 많은 바다를 건너야 하나"라는 가사로 시작됩니다.

아름다운 가사를 툭툭 내뱉는 듯이 부른 노래이지만, 뒤로 갈

수록 서정적인 노래가 아니라 지금의 세상에 대한 답답한 심정을 털어놓은 노래라는 사실을 알게 됩니다. 여전히 포탄이 하늘을 가르고 있는데, 대체 언제까지 계속될 것인가. 여전히 사람들이 죽임을 당하고 있으며 이미 너무나 많은 사람들이 죽었는데, 대체 언제까지 계속될 것인가. 밥 딜런은 답을 이미 알고 있지 않느냐는 메시지를 보냈습니다. 이제 그런 무익한 일은 그만두자고, 모래밭에서 쉬는 흰 비둘기처럼 평화롭게 살자고 말하고 싶었던 것입니다. 그렇지만 그는 그런 메시지를 소리 높여 설교하듯이 말하지 않고, 그저 "그 답은 바람결에 들려오고 있네"라고 노래했습니다. "대체 언제까지"라고 항의하면서도 '뭐, 이 정도로 해두자'라고 말하는 듯합니다. 이 노래를 들을 때마다 "평화는 괴로운 것이지만 그럼에도 견뎌야 한다"라는 불문학자 와타나베 가즈오 씨의 말을 떠올립니다.

이 노래가 유행한 것은 베트남 전쟁이 한창이던 때, 혼란의 늪으로 빠져드는 전쟁에 많은 사람들이 항의의 목소리를 높이던 시절이었습니다. 일본을 비롯한 세계 각지에서 베트남 전쟁을 반대하는 집회가 일어나고 있었기에 밥 딜런의 노래는 특히 공감을 얻고 환영받았을 것입니다. 우리는 평화를 원하며 폭력을 휘두르지 않는다. 서로를 죽이는 일은 이제 그만두어야 한다. 이런 메시지를 전 세계의 많은 젊은이들이 진지하게 받아들인 시대였습니다.

평화를 호소하다

..

이렇게 전쟁에 대한 안타까운 심정을 토로하고 전쟁의 어리석음을 고발하는 목소리는 아주 옛날부터 있었습니다. "대체 언제까지" "앞으로 얼마나" 하고 노래하는 밥 딜런의 곡을 들으면 르네상스 시대 네덜란드의 문인이었던 에라스무스의 『평화의 호소 Querela pacis』라는 책이 떠오릅니다.

이 책에서 에라스무스는 당시 기독교 세계를 비판하면서, 자신이 기독교도임을 고백하는 것은 곧 평화를 원한다고 고백하는 일일 텐데 기독교도들은 왜 전쟁을 멈추지 않느냐고 개탄하며 이렇게 이야기합니다.

"야수들조차 무리를 지어 상대를 절멸시키려는 싸움은 하지 않는다.

굶주림에 허덕이거나 아이를 필사적으로 지켜야 할 경우가 아닌 한, 전쟁을 일으키지도 않는다. 그런데 기독교도들은 아주 사소한 모욕을 받았다는 것마저 전쟁을 시작할 구실로 삼는다." (『평화의 호소』)

기독교도였던 에라스무스는 자숙자계(自肅自戒)의 뜻도 담아 이 글에서 특히 기독교를 강경한 어조로 비난하고 있지만, 이런 호전성이 기독교에 국한되었다고 볼 수는 없을 듯합니다. 그런 의미에서 에라스무스는 인간 전체에 대한 한탄스러운 마음을 표현했다고 해석해도 되겠지요.

전쟁은 인간의 일상적인 상태

..

실제로 인간의 역사는 수많은 전쟁으로 점철되어 있으며, 세계 어디에서도 전쟁이 일어나지 않았던 기간(평화기)보다 어딘가에서 일정 규모의 전쟁이 있던 기간(전쟁기)이 훨씬 더 깁니다. 한 통계에 따르면 기원전 3600년부터 현재까지 약 5600년간 평화기라고 할 수 있는 기간은 300년도 채 되지 않습니다. 그동안 일어난 전쟁은 1만 5000건에 육박하며, 사망자 수는 35

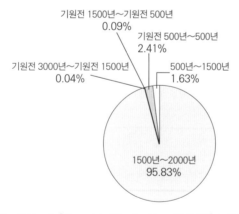

〈그림 1〉 기원전 3000년 이후 전쟁으로 사망한 사람의 비율

Willian Eckhardt, "War-related Deaths Since 3000 BC", in *Bulletin of Peace Proposals*, Vol. 22(4) : PP. 437-443(1991)의 표를 바탕으로 작성

억 명을 넘습니다.

특히 1500년부터 2000년까지 500년간의 사망자 수 비율이 높으며, 기원전 3000년부터 발생한 사망자의 96퍼센트 가까이를 차지하고 있습니다(그림 1). 더욱이 20세기에 일어난 두 번의 세계대전은 일찍이 없었던 참극을 초래했습니다. 제1차 세계대전의 사망자는 약 1000만 명, 제2차 세계대전의 사망자는 5000만 명을 넘습니다. 각각 약 4년 반, 6년에 걸쳐 일어난 전쟁이었으니 이 두 전쟁만 비교해보아도 현대로 올수록 전쟁이 단기간에 막대한 피해를 낳게 되었다는 사실을 알 수 있습니다.

그 원인은 너무도 명백합니다. 우선 무기가 급속히 근대화하여 살상 능력이 비약적으로 높아졌습니다. 또 전투원(군인)뿐 아니라 비전투원(일반 시민)도 공격 대상이 되어 시민 피해자들도 크게 늘었습니다.

하지만 '미증유(未曾有)의' 대전이라 불리며 다시는 이런 참극을 되풀이해서는 안 된다는 목소리가 있었음에도, 이 두 번의 세계대전은 최후의 대규모 전쟁으로 남지 못했습니다. 그 뒤로도 세계 대다수의 나라가 참전한다는 의미의 '대전'은 아니지만 많은 사상자를 낳은 전쟁과 민족 분쟁이 끊이지 않았기 때문입니다.

노르웨이의 한 연구에 따르면 제2차 세계대전 이후 1946년부터 2001년 사이에 전쟁 혹은 무력분쟁이 225건 일어났습니다. 사망자 수에 관한 다양한 통계 중 유엔의 자료에 따르면(다소 오래전 자료입니다), 1945년부터 1992년까지 사망자는 2300 만 명이 넘습니다(무력분쟁은 149건). 그리고 이 기간의 연간 희생자 수는 19세기의 2배, 18세기의 무려 7배에 달합니다. 덧붙여 앞서 말했듯이 사망자 중 비전투원의 비율이 비약적으로 늘었습니다. 모잠비크와 수단에서 일어난 내전에서는 그 비율이 90퍼센트를 넘어섰습니다(그림 2). 그들 대부분이 아이와 여성으로, 특히 아이들이 처한 상황은 심각하게 악화되었습니다. 냉전이 종식된 뒤 20세기의 마지막 10년 동안 200만 명이 넘는 아이들이 죽임을 당하고, 600만 명의 아이들이 중상이나 회복

〈그림 2〉 1945년 이후 일어난 대규모 무력분쟁에 의한 사망자 수

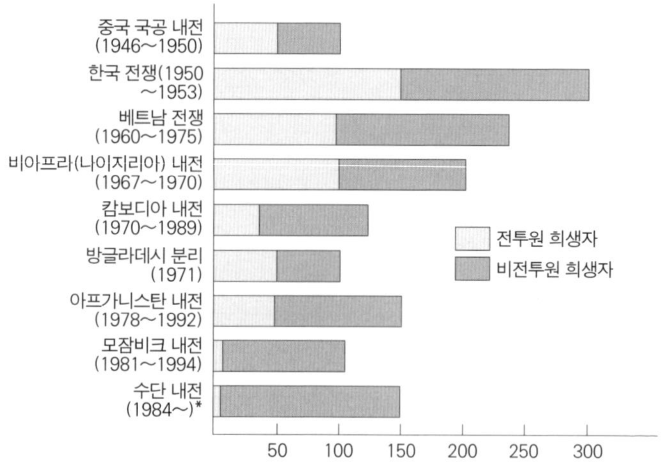

* 수단 내전은 1995년까지의 사망자 수
Lester R. Brown, *State of the World 1999~2000*의 표를 바탕으로 작성.

불가능한 장애를 안게 되었습니다. 사태는 나빠졌으면 나빠졌지 결코 좋아지고 있지는 않습니다.

이렇게 보면 전쟁(또는 무력분쟁)은 인류 사회의 예외적인 현상이 아니라 오히려 인류의 일상적인 상태, 즉 흔히 있을 법한 행동과 현상이라고 봐야 하지 않을까 싶습니다. 슬픈 일이지만, 냉전이 종식된 뒤의 세계를 봐도 전쟁이 일상적인 상태라고밖에 할 수 없는 현실이 계속되고 있습니다. 어째서일까요? 1990년 무렵 '냉전이 끝났다'고들 했을 때 이제 겨우 평화로운 세계가 찾아오리라고 모두들 이야기했는데, 어째서 사태는 악화되고 있는 것일까요.

그 답을 생각해보려면 냉전이란 어떤 것이었는지, 그리고 냉전은 어떻게 종식되었는지를 이해해둘 필요가 있습니다.

2

냉전 시대를
돌아보며

동서 간의 이데올로기 대립

..

냉전이란 제2차 세계대전 말기부터 1990년경(교과서상에는 1989년)까지 미국과 소련의 대립을 주축으로 자본주의 진영과 공산주의 진영이 대립했던 상황을 말합니다. 제2차 세계대전에서 미국과 소련은 같은 '연합국'으로서 협력하며 일본, 독일, 이탈리아와 맞붙은 관계였지만, 승전하리라는 전망이 보일 무렵에는 이미 대립이 시작되었습니다.

기본적으로 냉전은 이데올로기 대립, 즉 자본주의와 공산주의(혹은 그 전단계인 사회주의) 중 무엇이 우월한지 겨루었던 싸움입니다. 자유주의(혹은 민주주의)와 전체주의의 대립이라는 표현이 쓰인 적도 있지만, 이는 자본주의 진영의 입장에서 봤을 경우입니다. 소련을 비롯한 공산주의 진영은 자신들이야말로 자유롭고 민주적이라고 주장했으며, 자신들을 가리켜 전체주의라고 말했을 리는 없기 때문이지요.

세계를 하나의 '주의'로 묶는다는 발상 자체가 매우 억지스러운 듯싶지만, 그럼에도 제2차 세계대전 이후의 세계는 이런 분열을 '기본 원리'로 구성되었습니다. 아니, 세계 **전체**가 그랬다고 볼 수는 없겠지요. 1960년대에는 어느 진영에도 속하지 않는 것을 신조로 삼는 '비동맹운동'이 중소국 사이에 널리 확산되었기 때문입니다. 하지만 핵무기를 대량 보유한 미국과 소련두 초강대국의 영향력은 워낙 컸기에 세계 전체에 그 대립의 여파가 미쳤다고는 할 수 있습니다. 이대로 가면 언젠가는 핵전쟁이 세계를 덮칠지도 모른다고 걱정한 사람들은 고대 그리스의 고사에 빗대어 "세계가 다모클레스의 칼 아래 있다"라고 말하기도 했습니다. 머리 위에 머리카락 한 올로 매달려 언제 떨어질지 모르는 칼이지요.

광기에 찬 군비확장 경쟁

··

냉전은 단순한(추상적인) 이데올로기 대립에 그치지 않았습니다. 어느 쪽이 사상적으로 옳은지, 어느 쪽이 정의인지를 두고 맞붙은 만큼 아주 철저히 싸우고 적대시했습니다. 자신이

'정의'이고 상대방이 '악'이라고 생각한다면, 상대방을 말살하는 일도 불사하겠다는 태세에 돌입할 수도 있겠지요. 두 나라가 모두 같은 생각을 하고 있으니 사태는 전혀 나아지지 않았습니다. 이렇게 미국과 소련의 군비확장 경쟁은 더욱 치열해졌습니다.

상대를 말살까지 할 수 있는 군비를 갖추는 일은 이성적으로 사태를 바라보는 사람들에게 그저 '광기'로 비춰졌을 것입니다. 1966년부터 1973년까지 스웨덴 군축장관을 지낸 알바 뮈르달이 미국과 소련의 군비확장 경쟁을 논한 명저 『군축 게임 *The Game of Disarmament*』(1976)의 일본어판에는 『이성을 향한 길正気への道』(1987)이라는 아주 적절한 제목이 붙었습니다. 하지만 미국과 소련 사이에서는 이런 '광기'야말로 합리적이었던 시대가 오래도록 이어졌습니다. 각자 충분한 핵무기를 가지고 있으면 서로에 대한 핵 사용을 단념하리라는 '핵 억지' 이론이 양국의 군사적 방침이었던 것입니다. 히로시마와 나가사키를 순식간에 폐허로 만든 궁극의 무기를 충분히 가지고 있으면 안전하다고 여기면서 노골적으로 핵무기를 늘려가던, 이해하기 어려운 시대였습니다.

탈냉전 운동

··

정점에 선 두 초강대국이 군비확장 경쟁에 힘썼을 뿐 아니라, 냉전은 두 나라의 산하에 있는 국가들까지 서로 대립하는 구조속으로 끌어들였습니다. 특히 유럽과 아시아에서 그랬습니다. 다만 유럽에서는 냉전 말기에 초강대국에 의한 전쟁의 들러리는 되고 싶지 않다는 분위기가 확산되어, 민간 차원의 평화운동뿐 아니라 정부 차원에서도 거부의 뜻을 표명하는 나라가 나타났습니다. 네덜란드처럼, 서방 진영의 본진이었던 북대서양조약기구(NATO)의 핵 관련 임무를 거부한 나라도 있습니다. 유럽의 핵 폐기 운동은 그런 움직임을 강력히 뒷받침했습니다. 저는 당시 스웨덴에 살고 있었는데, 시민들의 반핵 평화운동이 최고조에 달했던 모습을 생생히 기억합니다.

이런 운동이 유럽에서 냉전 종식의 한 요인이 되었다는 점은 기억해둘 필요가 있습니다. 단순한 반핵운동을 넘어서 시민들의 힘으로 탈냉전을 이루고자 했던 운동이기도 했던 것입니다. 하지만 안타깝게도 아시아에서는 이런 움직임이 나타나지 않았고, 냉전 구조에서 좀처럼 벗어나지 못했습니다. 한반도처럼 여전히 냉전 구조의 흔적이 남아 있는 지역도 있습니다. 당사자도 주변 국가들도 그 흔적을 깨끗이 지우기 위해 노력해야 할 것입니다. 아무튼 공산주의 진영이 스스로 붕괴했다는 점도 한 요인으로 작용하여, 유럽에서 냉전은 1990년 무렵 거의 종결되었습니다.

'가상의 전쟁'과 '오랜 평화'

..

냉전은 '가상의 전쟁'이라고도 불렸습니다. 실제로 포탄을 주고받지는 않았지만, 미국과 소련이라는 두 초강대국이 항시 적의를 드러내는 일촉즉발의 상태가 지속되었기에 일종의 세계대전이었다고 본 것입니다. 이는 풍부한 상상력이 돋보이는 흥미로운 생각입니다. 하지만 한편으로는 두 가지 점에 주의해야 합니다.

첫 번째, 어디까지나 '가상'이었다면, 즉 현실의 전쟁이 아니었다면 그것은 오히려 '평화'였다고 봐야 한다는 견해도 성립될 수 있다는 점입니다. 이는 냉전 말기(1987)에 미국의 역사학자 존 루이스 개디스가 제시한 해석입니다. 분명 미소 관계에 관해서는 그랬을지도 모릅니다. 하지만 잊어서는 안 될 점은 그동안에도 **미소 관계의 외부에서는** 전쟁이 벌어지고 있었다는 사실입니다. 미국은 베트남에서 긴 전쟁을 치렀고, 중동과 중미에서 몇 번 무력을 행사했습니다. 소련도 헝가리와 체코슬로바키아를 군사 침공하고 아프가니스탄을 공격했습니다. 또 이 두 나라가 직접 관여하지는 않았어도 세계 각지, 특히 아프리카, 중동, 중미의 개발도상국에서는 민족 분쟁과 내전을 비롯한 무력분쟁이 일어났습니다. 그 사실을 잊고 단순히 '평화'로운 시대였다고 할 수는 없습니다.

두 번째, 그렇다면 정말로 '가상'이라고 부르는 것이 타당하느냐는 점입니다. 행여 그렇게 부른다 해도 그 말이 들어맞는 범위는 미국 및 소련과 그 주변에 국한되어 있지 않을까요. 이렇게 생각해보면 정확히는 '냉전 시대에 세계에는 가상으로 그친 세계대전과, 세계대전에까지 이르지는 않았지만 현실화된 열전(熱戰)이 공존하고 있었다'고 표현해야 할 것입니다. 그런 열전이 적지 않았다는 점이 실은 문제였습니다.

3

'새로운 전쟁'

정체성의 폭력적 주장

..

앞서 말했듯이 40년가량 이어진 냉전이 끝났을 때, 세계에는 '이제 암울하고 위험한 시대는 끝났다'는 안도감이 확산되었습니다. 분명 미국과 소련에 의한 핵전쟁의 위협이 멀어지고 공산주의 체제의 압정에 시달리던 사람들이 해방되기는 했으니, 그렇게 안도했던 것도 무리는 아닙니다. 세계 평화가 약속되기라도 한 듯한 낙관적인 분위기마저 감돌았습니다. 자본주의와 자유주의가 승리하여 이제 싸움의 씨앗은 없어졌으므로 "역사는 끝났다"라는, 돌이켜보면 너무 성급한 예언까지 나왔던 것입니다.

물론 세계의 상황은 그렇게 좋아지지는 않았습니다. 오히려 냉전 시대까지는 찾아보기 어려웠던 종류의 전쟁이 일어나게 되었습니다. 단지 **일어나게** 되었을 뿐 아니라 심지어 그런 전쟁이 **자주 일어나게** 되었다고도 할 수 있을 겁니다.

그중 하나는 국가 대 국가의 전투가 아니라 타자와의 차이를 의식하는 인간 집단 사이에서 그 차이를 과시하는 것이 목적인 양 싸우는 무력분쟁입니다. 전형적인 예로는 1992년부터 1995년까지 이어진 보스니아-헤르체고비나 분쟁을 들 수 있습니다. 그때까지 유고슬라비아 인으로서 공존해왔던 무슬림, 세르비아 인, 크로아티아 인 등의 인간 집단이 처참하게 서로를 죽였던 분쟁입니다.

알기 쉽게 '민족 분쟁'이라고 부를 수도 있겠지만, 1945년부터 46년간은 유고슬라비아 국민으로서 잘 공존해왔으니 전혀 다른 민족들끼리 싸우는 것과는 조금 다릅니다. 민족마다 자신들의 국가를 세우려 했던 움직임과도 조금 다릅니다. 각 공화국이 '독립'한 뒤에도 내부에 여러 '민족'이 혼재해왔기 때문입니다. 오히려 무엇인가에 홀린 듯이 타자와의 차이, 즉 자신들의 정체성을 강조하고 상대방에게 강요하기 위해 싸운 측면이 강하다고 볼 수 있습니다.

새로운 전쟁

••

이렇게 자신의 정체성을 주장하려는 목적을 가진 정치 관계를 영국의 평화 연구자 메리 캘도어는 '정체성 정치(identity politics)'라고 불렀으며, 그것이 도화선이 되어 일어나는 무력분쟁에 '새로운 전쟁(new wars)'이라는 이름을 붙였습니다. 그렇다면 '낡은 전쟁(old wars)'이란 무엇일까요. 설명하기 쉽지는 않지만, 굳이 한마디로 정의하면 국익을 두고 국가와 국가 사이에서 일어나는 전투라고 할 수 있겠습니다.

국익이 일단은 구체적인 데 반해 정체성이라는 개념은 꽤나 추상적입니다. 자신의 정체성과 타자의 정체성의 차이를 강조한다고 해서 꼭 이익을 보는 것도 아닙니다. 정체성 때문에 서로 죽여야 한다고는 할 수 없습니다. 이제껏 같은 국민으로 공존해왔다면 더욱 말할 나위 없겠지요. 그럼에도 그런 전투가 자주 일어나게 되었습니다. 냉전 종식 이후, 저마다 차이는 있지만 구 유고 연방에서 일어난 것과 비슷한 분쟁이 소말리아, 르완다, 콩고에서도 일어난 것입니다.

민족 분쟁의 특징, 내전의 특징도 가지면서 정체성을 폭력적으로 주장한다는 특징도 지닌 무력분쟁이 왜 냉전 종식 뒤에 자주 일어나게 되었느냐는 의문이 자주 제기됩니다. 당연한 의문이지만 사실 절반은 부적절한 의문이기도 합니다. 즉 냉전 시대에도 미국과 소련이 무력 개입한 사례를 제외하면 이미 대부분의 무력분쟁이 민족 분쟁과 내전, 혹은 지역 분쟁 등으로 분류되었기 때문입니다. 냉전 중과 냉전 후의 차이를 굳이 말하자면 이렇습니다. 냉전 중에는 모든 분쟁이 체제 선택과 관련된 싸움, 즉 자본주의냐 공산주의냐를 두고 벌어지는 싸움의 성격을 띠는 경우가 많았지만, 냉전이 종식된 뒤에는 그렇지 않았기에 미국도 소련(이후 러시아)도 본격적으로 분쟁을 막으려고는 하지 않게 되었다는 점입니다. 어떤 경우든 "역사는 끝났다"라고 말할 수 있는 상황과는 거리가 멀었습니다.

'테러'와 '테러와의 전쟁'
..

냉전 종식 이후 특징적인 또 다른 무력분쟁을 살펴보면, 국제적으로 이른바 '테러' 활동이 활발해지고 이에 전쟁이라는 궁극의 수단으로 대항하는 국가도 나타나는 양상을 띠고 있습니다.

먼저 '테러'(테러리즘)라는 말은 다소 남발되는 경향이 있다는 점을 말해두고 싶습니다. 엄밀히 말하면 정치적 목적을 위해 자신의 정적이 아닌 일반 시민에게 위해를 가하는 행위가 '테러리즘'인데, '자폭 공격' 등 군사 대국의 침략과 점령에 대항하는 무력 저항까지 모두 '테러'라고 불리는 경향이 있습니다. 하지만 이는 일종의 전쟁이며, 일방적으로 어느 쪽이 옳고 어느 쪽이 옳지 못하다고 할 수 있는 문제는 아닙니다. 그러므로 이 책에서 테러라는 말을 쓰는 것은 그런 명칭으로 논해지는 문제가 있기 때문이지, 이른바 '테러와의 전쟁'을 하는 쪽만이 옳다는 생각을 전제로 하고 있지는 않습니다. 따라서 조금 번거롭지만 앞으로는 가끔씩 작은따옴표로 묶어 '테러', '테러와의 전쟁'이라는 표현을 쓰겠습니다.

　최근 한데 묶여 '테러'라고 불리는 폭력 행위는 이중의 의미에서 냉전 이후 세계의 특징을 반영하고 있습니다. 하나는 자신들의 국가가 없는 인간 집단이 **국제적**인 의미를 가진 폭력 행위를 하게 된 것입니다. 단지 **국내적**인 의미라면, 지금까지도 가령 스페인과 아일랜드처럼 독립을 원하는 집단이 일반 시민들에게도 피해를 미치는 폭력을 휘두르는 일은 있었습니다. 하지만 좀처럼 해결되지 않는 팔레스타인 문제에 강한 불만을 품은 사람들, 그것도 반드시 팔레스타인 인은 아닌 사람들이 눈앞의 '적'인 이스라엘 외의 다른 나라에서 폭력 행위를 저지르거나, 시장경제의 세계화(globalization) 흐름에 뒤처진 사람들의 불만을 대변하여 대신 폭력 행위를 저지르는 것은 역시 새로운 현상입니다. 배우도 무대도 기존의 전쟁과는 질적으로 다르다고 봐야 합니다.

'비국가'가 '국가'를 노리다
..

　무엇보다 이런 집단들의 행위는 대규모 군대에 의한 전투가 아닙니다. 제한된 수의 사람들이 집단을 만들고, 보통 전쟁보다 제한적인 목표를 대상으로 공격을 하는 폭력 행위입니다. 특히 특징적인 것은 앞서 말했듯이 이런 폭력을 휘두르는 사람들이 속한 '국가'와 공격의 대상이 된 사람들이 속하는 '국가'의 의미가 뚜렷이 비대칭적이라는 점입니다. 즉 이른바 '테러리스트'들은 여러 국가의 출신자들로 구성되는 경우가 많기에 꼭 특정 국가를 대표하는 것도, 그 국가의 의도에 따라 행동하는 것도 아닙니다. 이에 반해 공격을 받는 장소와 사람들은 바로 그들이 속한 '국가' 때문에 '테러'의 대상이 됩니다.

가령 2001년 일어난 '9·11 테러'의 경우, 실행범들이 미국이라는 국가에 적의를 품고 미국의 상징인 뉴욕에서 폭력을 휘둘렀다고 하면 이런 점을 이해하기 쉬울 것입니다. 세계무역센터에서 일하는 특정 사람을 살해하기를 원했던 것이 아니라, 미국이라는 **국가**를 향한 적의가 그런 형태로 나타난 것입니다. 혹은 이라크에서 일본과 한국의 민간인이 납치되어 살해된 사건도 바로 그 사람을 대상으로 이루어진 공격이라기보다는 이라크에 파병한 일본과 한국이라는 국가를 노렸다고 할 수 있습니다. 추상적으로 말하면, 비국가적인 집단이 국가에 도전하고 그 일부에 공격을 했다는 식으로 이해할 수 있습니다.

이런 폭력 행위 중 정규 전쟁의 형식을 취하지 않으며 전쟁 상태가 아닌 평범한 거리에서 일어나는 것, 특히 죄 없는 시민들을 끌어들이는 행위가 좁은 의미의 '테러' 행위로, 용서받을 수 없는 행위입니다. 다만 이 문제는 일단 차치해두고 여기에서는 우선 이른바 '테러'가 왜 냉전 이후에 급격히 각광을 받게 되었는지 살펴보고자 합니다. 테러 행위 자체는 냉전이 끝나기 전은커녕 시작되기 전부터 존재했는데 어째서 냉전 이후에 크게 주목받게 된 것일까요. 여기서 냉전 이후 세계의 또 다른 특징이 드러납니다.

표적이 된 미국, 반격하다

··

그 특징을 순서에 따라 이야기하면 다음과 같습니다. 첫 번째, 냉전 이후 미국이 유일한 초강대국으로 남아 이를테면 '유일 초강대국 체제'가 성립되었습니다. 두 번째, 하지만 미국은 월등히 부유하여 개발도상국 사람들의 원망을 사기 쉽고, 날로 심각해지는 팔레스타인 문제와 관련해서는 친이스라엘 입장이기 때문에 아랍 국가들의 분노를 불러일으킬 가능성이 높으며, 따라서 일부 과격 세력에 의한 폭력 행위의 대상이 되기도 쉬운 상황입니다. 세 번째, 미국 정권이 이런 도발에 '테러와의 전쟁'을 명목으로 정면 반격하기 시작했다는 점을 들 수 있습니다. '테러와의 전쟁'은 2001년에 아프가니스탄에서 본격적으로 시작되었습니다. 2003년 시작된 이라크 전쟁도 이런 위기의식과 깊은 관계가 있습니다. 유일한 초강대국이므로 누구도 그 나라가 일으키는 전쟁을 멈출 수는 없었습니다. 그래서 단독행동주의라고도 합니다.

이렇게 냉전 종식 뒤에 폭력적인 방식도 불사하며 자신들의 정체성을 주장하려고 하는 사람들 사이에서 전쟁이 일어나고, 원한을 품은 일부 사람들에 의한 '테러' 행위도 일어나게 되었으며, 유일한 초강대국이 된 국가는 이전보다 더 자주 무력을 행사하게 되었습니다. 냉전이 막을 내렸을 때 설레는 마음으로 평화가 찾아오기를 기대했건만, 이런 모습을 보면 현재로서는 그 기대가 어긋났다고밖에 할 수 없습니다.

4

평화의 역설

전쟁은 인간의 본성인가

..

　평화에는 매우 역설적인 면이 있습니다. 여기서는 평화라는 말을 '전쟁이 없는 상태'라는 의미로 사용하지만, 이런 의미의 평화는 대개 누구나 추구하는 것이며 전쟁이 좋다고 노골적으로 말하는 사람은 거의 없습니다. 그럼에도 전쟁이라는 수단을 동원하려는 사람들은 어느 시대에도 반드시 있으며, 게다가 흔히 '평화를 지키기 위해'라는 이유를 내거는 경우가 많습니다. 이것이 바로 '평화의 역설'입니다.

　전쟁이 인류 사회의 일상적 상태이며 냉전 종식이라는 좋은 기회를 얻고도 여전히 사태가 결정적으로 바뀌지 않는다면, 전쟁 없는 세계는 실현될 수 없을지도 모른다는 조금 비관적인 생각을 하게 됩니다. 인간은 서로 죽이지 않고는 살아갈 수 없는 동물일까요? 유전적인 공격성을 타고나기라도 하는 것일까요?

가능하다면 전문가가 '타고난 공격성 같은 건 없다'고 부정해 주면 좋겠지만, 안타깝게도 **종**(種)으로서의 인간도 다른 동물과 마찬가지로 강한 공격성을 타고난다고 단언한 전문가가 있습니다. 바로 오스트리아의 저명한 동물행동학자 콘라트 로렌츠입니다(『공격성에 관하여 *Das sogenannte Böse zur Naturgeschichte der Aggression*』).

로렌츠는 "세상 사람들은 인간이 사회 복지에 봉사하는 이유를 이성에 합치된 책임 의식에 따르기 때문이라고 생각하지만, 그것은 명백히 잘못된 생각이다"라고 이야기하면서, 인간은 다른 동물에 비해 종내(種內) 공격과 동종 살해, 즉 인간끼리 죽이는 경우가 많다는 연구 결과를 세상에 내놓았습니다. 처음에는 동종 살해를 하는 것은 인간뿐이라는 충격적인 내용이었지만, 나중에 인간 외에도 동종 살해를 하는 동물이 있다는 사실이 밝혀져 그 부분은 수정되었습니다. 그래도 동종 살해를 하는 몇 안 되는 동물 중 하나라는 점은 마찬가지입니다.

다만 로렌츠가 말하려 했던 것은 인간의 공격성은 어쩔 수 없는 것이므로 절망적이라는 이야기가 아니라, 다른 동물과 마찬가지로 인간에게는 살해 억제 능력도 있다는 것이었습니다. 문제는 **어느 시점부터** 그런 공격성과 공격 억제 능력의 균형이 무너지고 공격성만이 발휘되기 시작했냐는 것입니다.

과연 언제부터일까요. 바로 인류가 무기를 발명한 시점부터입니다. 특히 무기가 근대화되고 적을 순식간에 죽이거나 멀리 떨어져 시야에 잡히지 않는 적을 죽일 수 있게 되자, 상대방의 고통을 감지할 수 없기에 공격 억제 능력이 발휘될 틈조차 없어졌다고 로렌츠는 말합니다. 바로 이 점이 평화를 실현하기 위해 인간이 해결해야 할 가장 중요한 과제입니다. 즉 공격성을 어떻게 해소하고, 약해지는 공격 억제 능력을 어떻게 회복할 것인가 하는 문제입니다.

폭력에 관한 세비야 선언

··

이 문제에 관해서는 여러 견해가 있습니다. 가령 1986년에 유네스코가 협찬하여 스페인의 세비야에서 열린 '전쟁과 폭력과 관련된 인간행동에 관한 전문가 회의'는 인간의 유전적 폭력성과 호전성이라는 개념을 '비과학적'이라고 부정했습니다. 이것이 유명한 '폭력에 관한 세비야 선언'입니다. "인간의 기질에 전쟁과 기타 폭력적 행위에 대한 경향이 유전학적으로 포함되어 있다고 생각하는 것은 과학적으로 옳지 않다", "전쟁이 인간의 본능 때문에 일어난다고 생각하는 것도 과학적으로 옳지 않다"라는 내용이 담겨 있습니다.

이런 견해에 대해서는 전문가 사이에서도 찬반이 나뉘어 여전히 논의가 계속되고 있습니다만, 과학적으로 어느 쪽이 옳은지는 차치하고서 **사회적 메시지**로 받아들인다면 세비야 선언에는 주목해야 할 점이 있습니다. 그것은 '인간은 유전적으로 전쟁을 하는 동물이므로 어쩔 수 없다며 포기하지는 않겠다'는 자세가 반영되어 있다는 점입니다.

생각해보면 평화를 생각한다는 것은 언제나 그런 일이 아니었을까요. 에라스무스도, 밥 딜런도, 다른 사람들도 현실에서 전투가 벌어지고 있는 이상 그런 싸움이 사라질 때까지 숙명론에 빠져서는 안 된다고 보았을 것입니다.

포기하지 않는 이유

..

"전쟁은 인간의 일상적 상태"라는 말에 사실 저는 다소 거부감을 느낍니다. 제 생각도 위와 같기 때문입니다. 첫 번째, 전쟁에서 죽어가는 사람들은 결코 '숙명이니까 어쩔 수 없다'고는 생각하지 않을 것입니다. 그 사람들 대신 전쟁터에서 멀리 떨어진 사람들이 '어쩔 수 없다. 포기하자'며 체념할 수는 없지요. 두 번째, 그렇게 포기할 수는 없다고 생각하면서 평화를 실현하고자 계속 노력해온 사람들은 어느 시대에도 있습니다. 에라스무스 이전에도, 밥 딜런 이후에도 포기하지 않고 평화의 실현을 위해 헌신해온 사람들은 유명한 사람이든 그렇지 않은 사람이든 수없이 존재해왔습니다. 세 번째, 냉전 시대 이전에도 이후에도 세계에서 '전쟁을 하고 있는 나라나 민족이, 전쟁을 하고 있지 않은 나라나 민족보다 많았던' 시대는 매우 드물며, '대다수는 전쟁을 하고 있지 않은' 시기가 많았습니다. 덧붙여 20세기 이후에 **부전**(不戰), 즉 전쟁의 포기를 국제법과 국제기구를 통해 **제도화**하려는 움직임이 생겨났으며, 에라스무스의 후예들인 유럽연합(EU) 등을 통해 부분적으로 결실을 맺기 시작했다는 점도 간과할 수 없습니다.

만약 인간의 본성에 인간을 전쟁으로 내모는 어떤 요인이 잠재해 있다 해도, 인간의 역사에는 그것을 극복하려는 노력의 흔적이 수없이 새겨져 있습니다. 그 두 가지 힘이 어떻게 서로 맞서 싸우는지, 어디에 가능성이 있으며 무엇이 어려운 점인지 다음 이야기에서부터 생각해보고자 합니다.

미완의 이상

유엔에 의한 평화

보스니아–헤르체고비나에서 이루어진 유엔 평화유지활동.

1

평화를 위한
국제기구

국제연맹과 국제연합

..

세계에서는 전쟁을 비롯한 폭력이 끊이지 않지만, 그에 맞서는 활동도 끊임없이 이루어져 왔습니다. 다양한 시도 중 하나로 '평화를 위한 국제기구'를 만드는 방법이 있습니다. 통신과 위생을 비롯한 분야에서 국제협력을 추진하는 근대적 국제기구가 등장한 것은 19세기 중반이며, 이런 '다자간 협조 체제'를 평화 건설이라는 목적을 위해서도 활용하자는 생각이 20세기에 등장했습니다. 두 번에 걸친 세계대전이 일어난 뒤의 일입니다.

그토록 비참한 전쟁을 되풀이하지 않기 위해 평화를 강제할 수 있을 만큼 강력한 권한을 가진 국제기구를 만들자는 것입니다. 이는 평시라면 실현되기 어려운 과감한 발상이었습니다. 하지만 비참한 대전이 겨우 끝나 많은 사람들이 이런 전쟁은 두 번 다시 겪고 싶지 않다고 생각하고 있는 때라면, 과감한 발상이라도 단숨에 실현될 수 있는 것입니다.

이렇게 제1차 세계대전이 끝난 뒤 국제연맹이, 제2차 세계대전이 끝난 뒤 국제연합(유엔)이 창설되었습니다. 1919년에 만들어진 국제연맹 규약은 전문에서 "회원국은 전쟁에 의존하지 않을 의무를 받아들이고 …… 각국 간의 평화와 안녕을 완성하기 위해 이에 국제연맹 규약을 정한다"라고 선언했습니다. 1945년의 유엔 헌장도 전문에서 "우리 일생 중에 두 번이나 말할 수 없는 슬픔을 인류에 가져온 전쟁의 불행에서 다음 세대를 구하고 …… 국제연합이라는 국제기구를 이에 설립한다"라고 부르짖었습니다.

제재를 통한 평화

..

'평화를 위한 국제기구'가 창설된 뒤 그 기구는 어떤 임무를 맡게 되었을까요?

여러 가지가 있지만, 특히 중심적인 것은 두 가지 활동입니다. 하나는 국제분쟁을 평화적으로 해결하는 것(무력충돌이 일어나기 전에 갈등을 수습하는 것), 또 하나는 침략을 행하는 나라에 제재를 가하는 것입니다. 특히 후자가 중시됩니다. 이 점을 여기서 확실히 짚어두고 싶습니다만, 즉 '**평화를 위한** 국제기구'를 창설할 때 계속해서 중요시된 점은 위법 행위를 저지른 나라에 무력을 통한 제압도 포함한 **제재를 가하는** 것이었습니다.

이런 방식의 옳고 그름을 여기서는 딱 잘라 판단하지 않겠습니다. 다만 한 가지 분명한 것은 제재를 가할 능력이 있는지, 침략을 진압할 군사 능력이 있는지 여부가 '평화를 위한 국제기구'의 최대 과제였다는 사실입니다. 혹은 그런 기구를 만들 수 있을지 여부가 국제사회에서 일종의 강박관념이 되었다고 바꿔 말할 수도 있겠습니다.

국제연맹은 처음으로 그와 같은 제재 제도를 마련했습니다. 국제연맹 규약 제16조에는 위법적 전쟁을 한 나라에 국제연맹이 경제제재 혹은 군사제재를 가한다는 내용이 규정되어 있습니다. 또 분쟁의 평화적 해결을 위한 절차도 상세하게 규정되어 있는데(규약 제12조~제15조), 효과적인 제재가 '평화를 위한 국제기구'인 국제연맹의 시금석이라고 생각하는 경향이 강했다고 볼 수도 있습니다. 하지만 국제연맹은 일본과 독일의 침략 행위에 관해서는 손 쓸 도리가 없었고, 이탈리아의 침략 행위에 제재를 가하기는 했지만 결국은 실패로 끝났습니다. 이렇게 국제연맹은 충분한 제재 능력을 갖추지 못한 기구, 즉 평화를 실현할 수 없는 기구라는 평가를 받은 채 막을 내렸습니다.

전쟁하지 않는 세계

..

　그렇다면 '제2대 평화를 위한 국제기구'로서 창설된 유엔은 어떨까요. 유엔도 침략 전쟁이 다시 일어날 경우 무력으로 대처하는 체제를 구체적으로 구상하고, 기구의 근간을 이루는 유엔 헌장에 관련 내용을 포함시켰습니다. 나아가 몇 가지 점에서 국제연맹보다도 강력한 제재 체제를 마련했습니다. 전문적으로 말하면 '집단안전보장'이라는 방식을 확립했습니다(이 방식이 처음 마련된 것은 국제연맹 시절입니다).

　집단안전보장은 나중에 살펴볼 것인데, 그에 앞서 유엔 헌장에는 또 다른 요소가 추가되었다는 점을 말해둘 필요가 있습니다. 즉 **유엔**이 강제력을 발휘하기 전 단계의 문제로서, **개별 국가의** 무력에 의한 위협과 무력행사를 금지한 것입니다. 유엔 헌장은 이를테면 '전쟁 없는 세계'를 헛되이 상상한 것이 아니라 '전쟁하지 않는 세계'를 구상했습니다.

　이 무력행사 금지 원칙은 국제법의 역사에서 획기적인 존재였습니다. '전쟁'이 아니라 더욱 넓은 범위의 '무력행사'를 금지한 점 때문입니다. 19세기까지 '전쟁'은 원칙적으로 합법이었습니다. '국가 간의 분쟁 해결을 위한 최후의 수단'으로 인정받았던 것입니다. 그것이 국제연맹 시절부터 점차 위법이 되기 시작했습니다. 무기가 근대화되면서 전쟁이 너무나 잔학해졌기에 '합법적인 수단'으로 방치해둘 수 없게 되었기 때문입니다.

전쟁 위법화의 흐름은 중단되지 않고 계속되어 유엔 헌장에도 확실히 계승되었습니다. 계승되었을 뿐 아니라 오히려 더욱 철저해졌다고 해야 할 것입니다. 특히 '전쟁'뿐 아니라 더욱 넓은 범위인 '무력행사' 전반을 금지한 점이 중요합니다. '전쟁'만을 금지해서는 '**전쟁이 아닌 무력행사**는 괜찮다'는 식으로 해석될 수도 있기 때문입니다. 실제로 제2차 세계대전 전야에 체코슬로바키아의 수데텐 지방을 병합한 당시, 독일은 박해받는 독일계 주민을 구하기 위해 무력행사도 불사하겠다는 구실을 댔습니다. 법적으로는 '전쟁'이라고 하기 어려운 경우입니다. 이런 구실을 어떻게 막을 수 있을까요.

무력행사 전반의 금지

··

유엔 헌장의 기초자들은 더욱 넓은 범위인 '무력행사' 전반을 금지하는 방법을 채택했습니다. '전쟁'은 물론 위법이 되었습니다. 개별 국가들의 무력행사 중 합법으로 남은 것은 '자위권 행사'입니다. 물론 침략의 진압 등을 위해 **유엔이 직접** 하는 무력행사는 이를테면 '가장 합법적인' 무력행사인데, 이는 **개별 국가들의** 무력행사와는 성격이 다릅니다. 이와 같은 유엔에 의한 무력행사를 '강제행동' 또는 '강제조치(enforcement action)'라고 합니다. 그 중간에 유엔 안보리(안전보장이사회)가 일부 국가들에 허용한 '권한을 부여한 무력행사'가 있습니다. 유엔 안보리가 권한을 부여하여 개별 국가들의 무력행사가 합법이 된 경우입니다.

지금까지는 이야기를 이해하기 쉽도록 사람들이 보통 '전쟁'이라고 부르는 것은 모두 '전쟁'이라고 불렀습니다. 하지만 정확히 말하면 '전쟁'과 '무력행사'는 같지 않습니다. 특히 **법적으로** 아주 다릅니다. 조금 단순하게 표현하면 '이제 합법적인 전쟁은 존재하지 않고, 특정 무력행사만이 합법화되었다'고 할 수 있습니다(그림 3). 너무나 법률가처럼 지나치게 따지는 것 같아 죄송하지만, '전쟁 위법화'와 '무력행사의 원칙적 금지'라는 법 원칙의 구분은 인류가 몇 세기에 걸쳐 이루어낸 아주 중요한 일이기 때문에 강조해두어야 합니다.

〈그림 3〉 무력행사의 일반적 금지와 예외 사항

2

집단안전보장

강제조치

..

이렇게 유엔 헌장은 개별 국가들의 무력행사를 금지했고, '그럼에도 위법적으로 무력을 행사하는' 나라에 조치를 취하기 위해 세심하게 제도를 마련했습니다. 유엔이 보통 '제재'라고 불리는 '강제조치'를 취하는 방식입니다(유엔 헌장에 제재라는 용어는 쓰이지 않았습니다). 강제조치에는 군사적인 조치와 비군사적인 조치가 있으며 보통 전자는 군사제재라고 불리는 조치, 후자는 경제제재라고 불리는 조치를 의미합니다.

유엔이 (안보리 결정에 의거하여 조직으로서) 강제조치 같은 강력한 행동에 나서는 것을 집단안전보장이라고 합니다. 위법 행위를 하는 나라에 국제사회가 반격, 진압, 제재 등 국제기구(유엔)를 통해 다양한 조치를 취하는 방식이 집단안전보장이며, 적어도 1945년 시점에서 유엔은 '평화를 위한 국제기구'로서 이런 체제를 확립하고자 창설되었습니다.

다만 체제 정비가 '위법 행위를 하는 나라는 모두 공평하게 처벌한다'는 식의 순수한('허울 좋은') 평화 구상을 바탕으로 추진되지는 않았다는 점에도 주의해야 합니다. 국제연맹 시절에도 그랬지만, 종전된 세계대전에서 침략을 저지른 나라들의 재침략을 방지하려는 측면이 분명히 있었습니다. 아니, 오히려 그쪽에 주안점을 두었다고도 볼 수 있습니다.

유엔의 경우는 독일, 일본, 이탈리아가 다시 침략할 경우에 대비하려 했습니다. 그것이 유엔을 '평화를 위한 국제기구'로 삼는 첫 번째 의미였습니다. 이 점에 주목하여 미국의 국제기구 연구자 이니스 클로드는 "유엔은 제3차 세계대전을 막기 위해 만들어졌다고들 하지만, 실은 제2차 세계대전이 끝난 뒤에 제2차 세계대전을 막으려고 만들어졌다고 보는 게 타당하다"라고 했습니다. 비아냥거리는 말투이지만 많은 의미를 함축하는 날카로운 지적이라고 보아야 합니다. '평화를 위한 국제기구'를 지향한다면 **다른** 역할도 있었을 텐데, 뒤늦은 혹은 이제 필요 없어진 목적을 기축으로 삼았다는 유엔 안보 체제의 본질적 결함을 정통으로 지적했기 때문입니다.

안보리에 집중된 권한

..

그래도 헌장의 기초자들은 새로운 안보 체제를 건설하고자 가능한 모든 방법을 동원했습니다. 국제연맹 시절에 실패했다는 지적을 받은 집단안전보장 제도를 더욱 유효하게 만들고자 했던 것입니다. 어떤 체제였을까요.

우선 강제조치의 실시 결정은 안보리의 독점적 권한입니다. A라는 나라가 B라는 나라를 공격한 경우, 혹은 A라는 나라에서 심각한 인권 침해가 발생한 경우, 그것이 '침략 행위', '평화의 파괴', '평화에 대한 위협'(유엔 헌장 제39조)에 해당하는지 판정하는 일도, 해당한다고 판정한 경우 강제조치를 취할지 결정하는 일도 모두 15개 회원국만으로 구성되는 안보리의 권한입니다. 모든 회원국으로 구성되는 유엔 총회의 권한도, 사무총장이나 사무국의 권한도 아닙니다.

이렇게 집단안전보장 체제가 갖추어졌습니다. 이 체제를 실시할 방법으로 강제조치라는 개념이 탄생하고, 구체적 내용도 헌장에 포함되었습니다(유엔 헌장 제41조, 제42조). 이 새로운 안보 체제가 적용된 구체적 사례라고 하면, 침략을 한 나라에 안보리가 어떻게 반격하고 어떻게 진압했는지 상상하시는 분이 많을지도 모르겠습니다. 국제 **안보**에 관한 이야기를 하고 있는 만큼 당연하겠지요. 하지만 그런 용맹스러운 예는 현재로서는 전혀 없습니다.

이유는 간단합니다. 군사적 강제조치를 취하려 해도 유엔의 독자적인 군사력이 존재하지 않기 때문입니다. 과거에도 없었고 지금도 없습니다. 유엔 헌장(제43조)에서 구상했던 '유엔군'은 편성되지 않았고, 따라서 동원할 자체 병력이 없습니다. 일단 유엔이 출범된 이후 3년간에 걸쳐 군대 편성이 논의되기는 했지만 미국과 소련이 대립하는 냉전 구도 속에서 흐지부지되어버렸습니다. 한국 전쟁(1950~1953) 당시 미군을 중심으로 한 '유엔군'이 북한(조선민주주의인민공화국)과 치열한 전투를 벌이기는 했지만, 이 경우 미군과 그 동맹군에 '유엔군'이라는 이름을 쓰게 했다고 보는 편이 실태에 더 가까우며, 유엔 헌장에서 구상했던 유엔군과는 조금 다릅니다.

무력행사의 '권한 부여'

··

지난 몇십 년간 일부 회원국에 안보리가 무력행사 권한을 부여하는 예가 늘었습니다. 1991년 일어난 걸프 전쟁이 한 예입니다. 이때는 한국 전쟁의 유엔군보다도 '유엔에 의한 강제조치'에서 더욱 멀어집니다(그림 4). 다만 이렇게 권한을 부여하는 경우, 안보리 결의에는 대개 '유엔 헌장 제7장에 의거하여'라는 상투적 문구가 들어갑니다. 헌장 제7장은 집단안전보장과 강제조치에 관한 내용이므로, 일부 나라들이 안보리의 권한을 부여받아 무력을 행사하는 일도 유엔 강제조치의 변종이라고 봐야

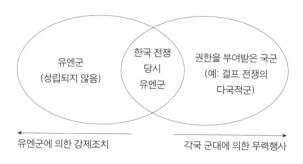

〈그림 4〉 유엔군과 권한을 부여받은 국군의 관계

할지도 모릅니다.

그렇다면 지금까지 명백히 집단안전보장 체제에서 실시된 강제조치라고 부를 수 있는 것은 무엇일까요. 기본적으로 비군사적 강제조치, 이른바 경제제재입니다. 1966년에 안보리가 극단적인 인종차별 정권을 수립한 로디지아(지금의 짐바브웨)의 상황을 '평화에 대한 위협'이라고 보고 모든 유엔 회원국에 로디지아와의 경제관계를 단절하도록 명령한 것이 첫 사례입니다. 1970년대에는 아파르트헤이트(인종 분리 정책)를 실시하던 남아프리카공화국도 '평화에 대한 위협'이라고 인정하여 무기 수출 금지를 전보다 더욱 강화하는 한편, 그 외 다양한 분야에서도 제재를 확대했습니다. 또 다른 예로는 구 유고 연방 무력분쟁이 일어났을 때 세르비아-몬테네그로('신 유고 연방'이라고 불렸습니다)에 다양한 제재가 가해졌던 일도 있었습니다.

이라크 전쟁

..

그렇다면 2003년부터 미국과 영국을 중심으로 그 동맹국들이 벌인 이라크 전쟁은* 유엔의 집단안전보장과 어떤 관계가 있을까요. 이 전쟁에 관해서는 저의 다른 책 『유엔과 미국国連とアメリカ』(2005)에 자세히 썼으니 더 알고 싶으신 분은 그 책을 참조하시기 바랍니다. 여기서 간단히 말하면 이라크 전쟁은 유엔의 집단안전보장 체제와는 거의 관계가 없다고 할 수 있습니다. 오히려 유엔의 집단안전보장 체제에 도전하는 측면이 있었다고도 할 수 있습니다.

이 문제를 생각할 때, 사담 후세인 대통령 시절의 이라크는 독재정권이었다 → 독재정권은 타도해야 한다 → 독재정권 타도를 위한 무력행사는 허용된다는 식의 단순한 추론은 금물이라는 점이 중요합니다. 후세인 정권 외에도 독재정권이 존재한다는 것도 이유지만, 무엇보다 앞서 언급했듯이 이제는 멋대로 (안보리의 권한 부여 없이) 무력을 행사해서는 안 된다는 대원칙이 있기 때문입니다. 이라크 전쟁의 경우, 무력공격의 권한을 부여하는 안보리의 결의는 없었습니다. 이런 점에서 이라크 전쟁은 적어도 어느 시점까지는 유엔의 집단안전보장 체제 범위

---

* 이라크 전쟁은 2011년 12월 15일 당시 미국 대통령 버락 오바마의 종전 선언으로 공식 종료되었다(역자 주).

밖에서 이루어졌다고 볼 수 있습니다.

문제의 발단은 1991년 걸프 전쟁 이후 안보리 결의에 의해 대량 살상 무기(핵무기, 생물 무기, 화학 무기) 폐기를 명령받은 이라크가 명령을 잘 이행하고 있는지 유엔이 사찰하고 있었던 것입니다. 2002년 가을 무렵부터, 이라크가 대량 살상 무기를 숨기고 있다며 미국이 비난의 목소리를 높이면서 전쟁 발발의 기운이 점차 고조되었습니다. 대량 살상 무기를 보유하고 있었던(있는) 나라가 이라크만은 아니므로 이라크에만 무기를 폐기하도록 명령하는 것은 일방적이라는 견해도 있지만, '장기적으로는 전 세계에서 대량 살상 무기를 없앤다'는 목적의 일환으로 이라크에도 요구한다면 잘못된 일은 아닙니다.

하지만 대량 살상 무기를 보유했다는 의혹이 있다는 이유로 개별 국가들이 무력을 행사해도 되는지는 별개의 문제입니다. 대량 살상 무기를 보유하고 있지 않았다는 사실은 미국과 동맹국들이 후세인 정권을 무력으로 쓰러뜨린 뒤 2004년부터 2005년에 걸쳐 미국 정부(대통령 포함)가 인정하게 되었지만, 여기서는 이 문제에 초점을 맞추지는 않겠습니다. 그보다 더 근본적인 문제는 전쟁이 시작되기 직전에도 유엔의 사찰이 계속되고 있었다는 것으로, 이는 넓은 의미에서 유엔의 집단안전보장이 기능하고 있었음을 의미하기도 합니다. 미국과 동맹국들은 '대량 살상 무기가 **있는데** 찾지 못하고 있으므로 사찰은 효과가 없다'고 주장하려 했겠지요. 하지만 사찰이 제대로 진행되고 있었던 이상 '**없으니까** 찾지 못하는' 것이었다면(사실은 정말 그랬습니다), 미국과 동맹국들은 유엔의 안보 활동을 멋대로 방해한 셈입니다.

권한을 부여받지 않은 무력행사

..

그리고 결국 무력행사를 단행하게 되었을 때도 무력행사의 권한을 부여하는 안보리의 결의는 얻을 수 없었습니다. 미국과 영국은 그 전에 채택된 안보리 결의만으로도 무력행사의 근거로 충분하다는 입장이었지만, 많은 회원국과 논자들은 이를 비판했습니다. 이런 비판이 타당하다면 미국과 영국과 그 동맹국들은 법적 근거가 없는 전쟁, 즉 위법적인 무력행사를 시작한 셈입니다. 이런 점에서도 이 전쟁은 유엔의 집단안전보장 체제 밖에서 이루어진 행위이며, 오히려 그 체제에 도전하는 성격마저 띠고 있었다고 할 수 있습니다.

2003년 10월이 되어서야 채택된 안보리 결의 제1511호에 의해 "통합 사령부 예하의 다국적군"에 "이라크의 치안 및 안정 유지를 위해 …… 필요한 모든 조치를 취할 권한을 부여한다"라고 정했지만, 사태를 유엔이 통제할 수 있게 되었다고 하기는 어려웠습니다. 이 전쟁을 계기로 코피 아난 사무총장을 중심으로 '법의 지배가 위협받고 있다'는 우려가 계속해서 표명된 것은 이런 이유 때문입니다.

이렇게 이상을 품고 출범했을 유엔의 집단안전보장 체제는 좀처럼 안정적 성과를 거두지 못하고 있습니다. 이상과 현실은 늘 괴리가 있게 마련이지만 역시 우려스럽습니다. 특히 이런 체제에서 영향력이 강한 대국이 '돌출 행동'을 보이면 세계는 어떻게 될까요. 인류는 국제연맹 시절, 제2차 세계대전이 시작되던 당시에 그런 경험을 한 적이 있습니다. 지금 우리는 유엔 체제와 법의 지배에 대한 도전을 이 경험에 비추어 다시 살펴볼 필요가 있습니다.

3

평화유지활동

새로운 보완책

··

침략 진압에 동원할 수 있는 자체의 군대를 보유하지 않은 유엔은 이를테면 '이빨 빠진' 유엔입니다. 이런 현실은 '평화를 위한 국제기구 유엔'에 기대를 걸었던 사람들을 실망시켰습니다. 게다가 앞서 언급했듯이 집단안전보장 체제에 도전하는 경우까지 있었습니다. 그렇다면 유엔은 전혀 의지할 수 없는 기구일까요? 그렇지는 않을 겁니다. 원래 의도했던 형태의 집단안전보장은 분명 확립되지 못한 상황이지만, 그동안 불완전한 부분을 보완할 다른 기능도 생겨났습니다. 안보와 관련하여 '이빨 빠진 유엔'을 보완이라도 하듯이 평화유지활동이 탄생한 것입니다. 이 활동은 유엔 헌장에는 나와 있지 않은 안보 방식이었습니다.

평화유지활동의 기원은 제1차 중동 전쟁(1948) 뒤에 파견된 유엔 휴전감시기구(UNTSO)입니다. 휴전을 감시하는 비무장 군사 요원 약 150명으로 구성되어 지금도 본부를 예루살렘에 두고 활동 중입니다. 그리고 경무장 요원, 즉 평화유지군도 투입한 본격적인 평화유지활동은 1956년 수에즈 위기 때 시작되었습니다. 이집트가 수에즈 운하를 국유화하기로 결정함에 따라 이해관계가 걸린 영국, 프랑스, 이스라엘이 반발하여 10월 말에 이집트와 교전 상태에 돌입한 사건입니다.

안보리가 긴급 소집되어 미국을 중심으로 사태 수습에 나섰습니다. 우선 10월 29일에 이스라엘이 침공하고 30일에 영국과 프랑스가 이집트에 최후 통첩을 보냈습니다. 이때 놀라운 일이 일어납니다. 사태 악화를 막으려던 미국이 이스라엘의 철수를 요구하는 결의안을 안보리에 제출했는데, 영국과 프랑스가 거부권을 행사한 것입니다. 주요 회원국의 결의안이 동맹국의 거부권으로 무산된 이 사건은 누구도 예상하지 못한 일이었습니다. 그 직후 이번에는 소련이 적대국 미국에 동조하여 미국의 결의안을 약간 수정한 결의안을 다시 안보리에 제출했지만, 역시 영국과 프랑스의 거부권 때문에 부결되고 말았습니다.

최초의 평화유지군

..

문제는 안보리에서 총회로 넘겨졌습니다. 보통 국제분쟁 문제를 안보리가 다루는 동안은 총회가 권고를 해서는 안 된다는 규정이 있습니다. 하지만 '평화를 위한 단결'이라고 명명된 1950년 총회 결의를 통해, 안보리가 거부권으로 마비된 경우에는 총회가 분쟁 해결에 나설 수 있다고 규정이 바뀐 바 있습니다. 총회는 우선 즉시 정전을 요구하는 결의를 채택하고, 다음으로는 캐나다의 제안을 바탕으로 정전 감시를 맡을 유엔군을 설치하는 결의안을 채택했습니다. 11월 3일 아침의 일입니다. 이 결의를 통해 총회는 다그 함마르셸드 사무총장에게 유엔군 설치 계획을 48시간 안에 제출하도록 요구했습니다.

함마르셸드의 필사적인 노력이 시작되었습니다. 그는 총회가 내린 지령을 그저 수동적으로 따르지는 않았습니다. 유엔군 파견이라는 아이디어를 떠올린 캐나다의 레스터 피어슨 외무장관과 이미 긴밀히 협의하고 있었던 것입니다. 함마르셸드는 처음에는 피어슨의 발상에 회의적인 반응을 보였지만, 일단 수긍한 뒤에는 계획에 어떤 내용을 담아야 각국이 받아들일 수 있을지 생각을 거듭하며 굉장한 속도로 보고서를 완성했습니다. 11월 5일 점심 무렵에 쓰기 시작하여 6일 오전 2시에 작성을 마쳤습니다. 같은 날, 보고서가 유엔 총회에서 채택되어 사상 최초의 유엔 평화유지군 파견이 결정되었습니다. 이름은 '유엔 긴급군(UNEF)'입니다(나중에 제2차 활동이 시작된 뒤로는 '제1차 유엔 긴급군[UNEF I]이라고 불립니다).

유엔 긴급군은 침략국을 진압하기 위한 것이 아니라 분쟁 당사자 사이에 끼어들어 분쟁 재발을 방지하기 위한 유엔군이었습니다. 평화유지군은 한데 묶어 '유엔군'이라고 부르기도 하지만 사실 유엔 헌장에서 계획했던 유엔군과는 근본적으로 기능이 다릅니다. 직접 적과 전투하는 것이 아니라 국가 간의 전쟁을 멈추려는 국제군입니다. 강제성 없는 치안 활동이라고도 할 수 있겠습니다. 유엔 평화유지군은 '적 없는 병사들'이라고 불린 적도 있는데, 이 별칭이 바로 이런 성격을 나타내고 있습니다. 이렇게 총 60회(2005년까지)*에 이르는 유엔 평화유지활동이 본격적으로 시작되었습니다.

평화유지활동 (1) ─ 동의에 따른 군사 행동

평화유지활동에 대해 좀 더 이야기해보겠습니다. 영어 명칭(Peacekeeping Operations)의 머리글자를 따서 PKO라고 불리는 경우도 많습니다. 유엔 평화유지군을 가리키는 데 PKF라는 약칭이 쓰이기도 하지만, 유엔의 활동에 'PKO'라는 활동과 'PKF'

---

* 유엔 평화유지활동 홈페이지(peacekeeping.un.org)에 따르면 2018년 말 기준 진행 중인 활동이 14건, 종료된 활동이 57건에 이른다(역자 주).

라는 활동이 별개로 있지는 않습니다. 오직 평화유지활동이 있을 뿐이며, 무장한 군사 부문(비무장 군사 요원도 있습니다)을 평화유지군이라고 부릅니다.

앞에서 언급했듯이 분쟁 당사자들 사이에 끼어들어 분쟁 재발과 확대를 방지하는 임무를 맡는 활동입니다. 즉, 유엔 헌장에서 계획했던 것처럼 침략국과 기타 세력을 무력으로 진압하지는 않는 유엔군이라는 점이 중요합니다.

분쟁 당사자들 사이에 끼어드는 것이 주요 목적이므로, 무장을 하더라도 경무장이며 정식 실전 부대를 편성하는 일은 거의 없습니다. 무기도 자기 방어와 진지 방어에만 사용할 수 있습니다. 그런데 1993년부터 소말리아에서 시작된 제2차 유엔 소말리아 평화유지군(UNOSOM II) 활동에서 평화유지군이 현지 무장세력과 교전하는 사태가 벌어졌습니다. 많은 사람들이 이를 정상 궤도를 벗어난 실패 사례라고 판단했는데, 일단은 예외적인 경우로 보면 되겠습니다.

강제조치가 **아닌** 활동이므로 원칙적으로는 분쟁 지역에 강제로 진입하지 않으며, 평화유지군을 받아주는 나라의 동의를 얻은 경우에만 들어갈 수 있습니다. 가령 1978년 이후 이스라엘과 레바논 국경에서 시작된 평화유지활동, 즉 유엔 레바논 평화유지군(UNIFIL)은 이스라엘의 군사 침공을 받은 레바논의 요청으로 파견되었기 때문에 국경 지대 중에서도 레바논 영내에서만 활동하고 있습니다. 이스라엘이 자국 영내의 활동에 동의할 가능성은 거의 없었고, 자신들의 지배 지역에서 활동하는 평화유지군을 방해하는 레바논 내부의 반정부 세력과 친이스라엘 무장세력 때문에 어려움을 겪기도 했습니다. 그럼에도 평화유지활동은 강제조치가 아니기에 원칙적으로 당사자들의 동의를 존중하면서 (예외는 있었습니다) 오늘날까지 계속되고 있습니다.

평화유지활동 ⑵ ─ 편성과 규모
..

병력과 물자도 강제로 할당하지 않고 회원국들이 자발적으로 제공합니다(단, 2002년 유엔에 가입했으나 회원국이 **아니었던** 시절부터 군사 감시요원과 물자를 제공한 스위스 같은 나라도 있습니다). 각 활동의 참가국은 사무총장이 총괄하여 조정하고, 최종 결정은 안보리가 내립니다. 애초에는 '중립적인 중소국'으로 편성할 것과 '5대국(안보리 상임이사국) 배제'를 기본 방침으로 삼았지만, 분쟁 지역의 실정을 잘 안다는 이유로 점차 상임이사국도 참가하게 되었습니다.

한 예로 1964년부터 시작된 '유엔 키프로스 평화유지군(UNFICYP)'에는 영국이 참가하고 있으며, 앞서 언급한 유엔 레바논 평화유지군에는 프랑스가 참가하고 있습니다. 또 다른 예를 보면 2003년에 시작된 '유엔 라이베리아 평화유지군(UNMIL)'에는 모든 상임이사국이 군사 요원을 파견했고, 2004

년에 시작된 '유엔 아이티 안정화 지원단(MINUSTAH)'에는 프랑스와 미국이 군사 요원을, 중국이 민간 경찰*을 파견했습니다.

규모는 다양합니다. 1949년부터 지금까지 인도-파키스탄 국경에서 이루어지고 있는 '유엔 인도·파키스탄 정전감시단(UNMOGIP)'처럼 군사 감시원이 약 45명인 경우도 있고, 1992년부터 1995년까지 보스니아-헤르체고비나 등에서 활동한 '유엔 보호군(UNPROFOR)'처럼 군사 요원만으로 최대 4만 명에 이르는 경우도 있습니다. 다만 무장 또는 비무장 군사 요원뿐 아니라 민간 경찰, 다양한 나라에서 온 민간 요원, 현지에서 고용한 민간 요원 등 여러 종류의 요원으로 구성된 활동이라는 점을 밝혀둘 필요가 있습니다. 참가국 수도 다양한데, 가령 일본도 참가한 '유엔 캄보디아 과도행정기구(UNTAC)'라는 활동의 경우 군사 요원 및 민간 경찰을 파견한 나라가 무려 45개국에 이르렀습니다.

평화유지활동 (3) ─ 다기능화 경향

∵

활동 내용도 다양합니다. 처음에는 주로 정전 감시 임무를 맡

---

* 일본어 원문은 문민 경찰(文民警察)로, 문민은 군인이 아닌 자를 말한다. 한국에서 '민간 경찰'이라는 말은 다소 생소할 수 있으나, PKO 참여 현황에 관한 통계 자료에 '민간 경찰'이라는 용어가 사용된 예를 찾아볼 수 있다(역자 주).

았지만, 이후 범위가 넓어져 병사 혹은 무장 집단의 사회 복귀, 무장 해제, 인도적 지원, 선거 지원, 인권 보장 지원, 민간 경찰 육성, 지뢰 제거 등 아주 많은 기능을 담당하게 되었습니다. 특히 내전과 기타 무력분쟁이 끝난 뒤 사회에서 폭력 행위가 다시 벌어지지 않도록 지원하고, 일시적인 평화를 안정적으로 만들고 정착시키기 위한 활동을 합니다. 이를테면 '평화정착활동'이라고 할 수 있는 임무입니다. 이런 활동의 중요성을 강조한 제6대 사무총장 부트로스 갈리가 'peacebuilding'이라는 말을 사용했기 때문에, '평화구축활동'이라는 번역어를 사용하는 사람이 늘고 있습니다. 두 용어 모두 혼란을 불러일으킬 수 있어 그리 적절하지는 않지만, 더욱 중요한 점은 그런 '새로운 평화활동'의 많은 부분이 지금까지도 평화유지활동을 통해 이루어져왔다는 사실입니다. 갑자기 새로운 활동이 시작된 것도, 만병통치약이 등장한 것도 아닙니다. 2005년 12월, 안보리는 이 활동을 강화하고자 31개국으로 구성된 위원회(Peacebuilding Commission)를 설치했습니다.

4

사무총장의 역할

희대의 인물 — 함마르셸드

··

이야기를 다시 돌려 유엔 긴급군을 설치했던 무렵 함마르셸드 사무총장(1953~1961년 재임)의 활약상을 조금 덧붙이겠습니다. 유엔 사무총장이 맡는 직무의 특수성을 살펴볼 수 있기 때문입니다. 큰 권한을 가지고 있다는 오해를 받기도 하지만 실은 그렇지 않고, 반대로 대국의 횡포에 무력할 뿐이라고들 하지만 꼭 그렇지도 않습니다. 바로 이런 의미에서의 특수성입니다.

당시의 미국 대통령 드와이트 아이젠하워는 함마르셸드의 헌신적인 모습에 이렇게 찬사를 보냈습니다.

"그는 능력이 뛰어날 뿐 아니라 체력도 남다릅니다. …… 하루에 한두 시간밖에 자지 않고 밤낮 없이 일합니다. 그것도 그냥 일하는 것이 아니라 지적이고 헌신적으로 일합니다.

현재 함마르셸드 사무총장의 지도하에 추진되고 있는 까다로운 협상에 관해 우리가 할 수 있는 일은 단 하나, 그의 업무를 어떤 형태로든 방해하지 않는 것입니다."

한 대국의 대통령이 한 발언으로서 아주 겸허할 뿐 아니라 당시 미국의 유엔 정책이 어땠는지를 잘 보여주고 있습니다. 하지만 이렇게까지 찬사를 받은 사무총장은 그 이후로는 많지 않습니다.

그런데 함마르셸드가 한 개인으로서 얼마나 뛰어난 능력을 갖추고 있었는지보다 더 중요한 점이 있습니다. 그가 '평화를 위한 국제기구'인 유엔의 사무총장에게 무엇이 필요한지 강렬히 자각하고 있었다는 점입니다. 그것은 특정 회원국의 이해관계에 치우치지 않고, 국제사회 전체의 입장에서 문제를 바라보고 대처하는 것을 의미합니다.

말은 쉽지만 실제로는 그렇게 간단한 일이 아닙니다. 무엇보다 국제사회 전체의 입장이라고는 해도, 현실적으로는 이해관계가 서로 다른 나라들의 입장 중 국제사회의 이익에 가장 가까운 것을 '선택'할 수밖에 없기에 입장을 달리하는 나라는 사무총장을 '편향되어 있다'고 비판하게 됩니다. 실제로 수에즈 위기 때도 소련은 처음에 정전 결의에 동조했지만 평화유지군을 파견하게 되자 반대하기 시작했습니다. 이 일도 한몫하여 소련은 두고두고 함마르셸드를 '편향된 사람'이라고 비판했습니다.

공정한 자세

..

함마르셸드는 회원국에 **공정한** 입장을 취했지만, 이른바 **중립**은 아니었습니다. 중립은 반칙을 한 나라도 반칙으로 피해를 입은 나라도 평등하게 다루고, 양쪽 모두에 그 나라가 불리해질 만한 이야기는 전혀 하지 않는 것을 말합니다. 이에 반해 공정함은 객관적인 기준을 바탕으로 모든 나라를 똑같이 대하는 것, 즉 반칙을 한 나라에는 반칙을 했다고 분명하게 말하는 것을 뜻합니다. 함마르셸드는 이런 사명을 명료히 자각하고 있었습니다. 수에즈 위기 때도 그는 대국이자 안보리 상임이사국인 영국과 프랑스를 당당하게 비판했습니다.

두 나라가 안보리에서 거부권을 행사한 다음 날, 함마르셸드는 안보리에서 이렇게 이야기했습니다.

"사무총장은 유엔의 공복(公僕)으로서 분쟁 해결을 위해 어쩔 수 없는 경우를 제외하고는, 회원국 간의 대립에 관해 입장을 명확히 하는 일을 피할 의무가 있습니다. 하지만 직무상 그렇게 중립을 유지할 의무가 있다는 점을 이용하여 기회주의에 빠져서는 안 됩니다. 사무총장은 유엔 헌장의 기본 원칙을 따르는 공복이기도 해야 하는 것입니다. 그리고 헌장의 목적이야말로 사무총장이 무엇이 옳고 무엇이 그른지를 결정하는 궁극의 기준입니다."

이렇게 확고한 입장을 견지했던 사무총장이었기에 비판도 받았습니다. 그가 추진했던 또 다른 평화유지활동인 유엔 콩고 평화유지활동(ONUC)의 경우, 불행히도 대규모 전투로까지 발전하여 함마르셸드 총장 시절의 유엔이 남긴 큰 실패 사례로 기억되기도 합니다. 그럼에도 분명 함마르셸드는 수에즈 위기 외에도 분쟁 해결 및 전쟁 수습과 관련한 많은 업적을 남겼으며, 많은 사람들과 나라들이 능력을 인정하고 높은 경의를 표하는 사무총장이었습니다.

베이징에서의 활약

··

문제도 있었지만, 함마르셸드는 국가 간의 이해관계를 넘어서서 특정 국가에 종속되지 않는 유엔 사무총장의 이상적인 한 예를 잘 보여주었습니다. 정치적으로 민감한 문제를 간파할 줄 아는 독특한 감수성도 있었습니다. 1955년 1월, 베이징을 방문하여 한국 전쟁 때 포로가 된 미국 비행사 11명의 석방을 요구했던 일을 보면 잘 알 수 있습니다. 한국 전쟁에서 중국은 북한을 지원하여 의용군을 보내는 식으로 '참전'했습니다. 미군 병사가 중국의 포로가 되기도 했는데, 1954년 12월 유엔 총회는 이 문제로 중국을 비난하는 결의를 채택했습니다. 더불어 이 결의에서는 사무총장에게 "유엔의 이름으로" 포로 11명의 석방을 요구하도록 요청했습니다.

함마르셸드는 곤란한 입장에 처합니다. 유엔이 명확히 '비난'하고 있는 상대와 협상해야 하므로 쉬운 일이 아니었습니다. 숙고 끝에 함마르셸드는 중국의 저우언라이 총리에게 극비리에 전보를 쳐서 자신은 (중국과 적대하고 있는) 유엔 총회 결의에 따른다기보다는 사무총장의 자격으로 중국 정부와 이야기하고 싶다고 호소합니다. 이로써 중국은 체면을 지킬 수 있었고, 협상은 성공했습니다. 월권행위를 아슬아슬하게 비껴간 절묘한 행동이었지만, 중국 정부의 신뢰를 얻으려면 이 방법밖에 없었겠지요. 유엔 사무총장에게는 종종 이런 용기와 균형 감각이 필요합니다.

기반은 아직 약하다

··

다만 사무총장이 이렇게 중요한 역할을 수행할 수 있다 하더라도, 사무총장에게 어떤 권한이 부여되어 있는지는 사실 그리 명확하지 않습니다. 어떤 경우에 '사무총장 개인의 자격으로' 행동해도 되는지, 그때 어느 정도 범위의 행위까지 허용될 수 있는지 애매합니다. 사무총장에게 국제평화를 위한 활동을 기대한다면 권한쯤은 명확히 할 필요가 있을 것입니다. 그렇지 않으면 아무리 사무총장에게 열의가 있어도 평화를 위한 활동의 성공 여부는 모두 상황에 따라 달라진다는 이야기가 될 수 있습니다.

1998년 봄에 미국과 영국이 이라크를 상대로 무력을 행사하려고 태세를 갖추던 무렵, 코피 아난 사무총장(1997~2006년 재임)이 바그다드를 찾아 사담 후세인 대통령과 긴급히 회동하고, 대통령에게서 어느 정도 양보를 이끌어낸 뒤 미국과 영국도 전쟁을 단념하도록 한 일이 있었습니다. 당시 저는 코피 아난 사무총장의 능력을 높이 평가한 한편, 일단 전쟁은 피했지만 이런 방법이 통할지 여부는 그때그때 상황에 따라 다를 수 있다고 지적했습니다. 그리고 이런 유엔 평화 체제의 구조적 약점을 조속히 바로잡지 않으면 조만간 전쟁의 위기가 다시금 찾아올 수 있다고 썼습니다(《아사히신문》 1998년 3월 4일 석간, 『국경 없는 평화로国境なき平和に』[2006]에 수록). 불행히도 그 예감은 5년 후에 현실이 되었습니다.

이것이 유엔 평화 체제의 큰 과제입니다. 그리고 그 외에도 또 몇 가지 과제가 있습니다. 마지막으로 그 내용을 살펴봅시다.

5

유엔 안보
체제의 미완성

: 과제는 무엇인가 :

'평화를 위한 국제기구' 유엔은 주목할 만한 성과도 올렸지만, 아직 한계와 과제도 수없이 남아 있습니다.

가령 평화유지활동은 무력분쟁의 재발을 막는 등 여러 성과를 올리기도 하지만, 그들 사이에 끼어드는 것일 뿐 분쟁을 근본적으로 해결하지는 못한다는 한계도 있습니다. 분쟁 당사자에게 평화유지활동에 대한 '의존증'을 심어줄 뿐이라는 냉정한 시각도 있습니다. 유엔 키프로스 평화유지군의 경우는 1964년, 대치하고 있는 그리스계 주민과 터키계 주민 사이에 끼어든 이후 50년 이상 그곳에 머물러 있습니다. 평화유지활동만으로는 분쟁의 핵심 문제를 해결하기 어렵기 때문에 다른 방법으로 보완해야 합니다.

또한 최근 더욱 심각한 문제가 되고 있는 국제 테러 조직의 규제 등에 대해서도 완전히 다른 대책을 세울 필요가 있습니다. 특정 영토에서 벌어지는 전쟁과는 다른 문제이므로, 평화유지 활동 같은 수단은 쓸 수 없으며 강제조치 같은 수단도 그리 효과적이지 않을 것이기 때문입니다. 일부 사람들을 자폭 공격과 같은 폭력적인 수단으로까지 몰아넣는 세계의 근본적인 문제, 가령 극단적인 빈부 격차를 해결하기 위해서도 노력해야 합니다. 또한 그런 문제와는 관계없이(반쯤 허무주의적 태도로) 무차별 폭력 행위를 저지르는 집단이 있다면, 그런 테러 조직으로 자금이 유입되지 않도록 막는 체제도 정비해야 합니다. 표면적으로는 비슷한 것 같으면서도 근본적으로는 다양한 문제들에 대응하여 여러 방법을 구상하고 조합할 필요가 있습니다.

구조적 결함

··

하지만 마지막으로, 이런 문제와는 전혀 별개로 유엔 헌장의 안전보장 제도에 내포된 큰 문제점이 있습니다. 지금의 유엔 체제는 여전히 개별 국가들의 위법적인 무력행사에 강력히 대처할 수 있는 체제라고 볼 수 없으며, 특히 안보리 상임이사국이 무력을 행사한 경우에는 속수무책인 것이나 다름없습니다. 상임이사국이 거부권을 가지고 있는 이상 그 나라에 제재를 가할 수 있는 안보리 결의가 가결될 리 없습니다. 수에즈 위기에서는 실제로 그런 일이 일어났습니다. 그때는 '평화를 위한 단결'이라는 결의를 끄집어내어 어렵사리 대처하기는 했지만, 그 뒤로는 그런 예도 찾아보기 어렵습니다. 이런 경우를 가정하여 기본 원칙을 재구상하는 것이 앞으로 유엔에 주어진 과제입니다.

이 기회에 다시 한 번 유엔 헌장의 무력행사 금지 원칙을 강화하고 유엔을 국제적인 치안 활동의 중심으로 복귀시킬 필요가 있다고 봅니다. 국경을 초월한 테러 활동이 일어나 국제적으로 불안감이 높아지는 상황에서, 특히 심한 불안감을 느끼는 나라들 중에는 '이런 사태에 유엔은 무력하니 직접 무력을 행사해서 악한 자들을 물리치자'는 행동 양식을 취하는 경우도 생깁니다. 아프가니스탄과 이라크를 대상으로 한 미국과 동맹국들의 행동이 그 한 예였습니다.

이런 나라들의 불안과 초조감에 전혀 이유가 없다고 할 수는 없습니다. 하지만 그런 경우에도 '함께 결정하여 함께 행동한다'는 것이 유엔 헌장의 대원칙이었습니다. 바로 '다국간주의'라고 불리는 국제사회의 운영 방식입니다. 이를 무시하고 단독으로라도 무력을 행사하는 방식은 국제적으로 정통성을 부여받지 않은 것이므로 '법의 지배'를 무시한 '힘의 지배'라고도 할 수 있습니다. 하지만 애초에 유엔 헌장의 안보 체제는 법의 지배를 근본 원리로 삼고 그것을 다국간주의에 의거하여 실현하는 것이기도 했습니다.

일각에서는 그렇게 느긋하게 기다릴 수는 없다는 생각이 유행하고 있는 듯합니다. 말하자면 자경단을 만드는 것과 비슷합니다. 하지만 스스로를 지키겠다는 자경단 방식의 안보는 태곳적부터 있었습니다. 그런 방식을 지속하는 한, 국가들의 제멋대로이며 자의적인 무력행사는 그치지 않을 것이라고 생각했기 때문에 다국간주의에 의거한 집단안전보장이 고안된 것입니다. 집단안전보장을 새로운 시대의 요청에 부응하게 하면서도, 흔들린 기초를 다시 세우려면 어떻게 해야 할까요? 앞으로도 유엔이 넘어야 할 고비는 계속됩니다.

회원국의 책임은 크다

..

여기서 '유엔'은 무엇을 가리킬까요? 바로 **회원국**입니다. 단한 사람의 사무총장이 아닙니다. 설령 함마르셸드 같은 걸출한 사무총장이라 해도 사무총장 자신의 권한은 제한되어 있으며, 그것만으로는 충분하지 않습니다. 우선 회원국의 일치된 정치적 의지가 필요합니다. 이를 기반으로 유능하며 공정한 사무총장에게 경의를 표하고 사무총장의 업무를 아이젠하워처럼 지지하는 체제가 바로 유엔을 유용하게 만드는 가장 합리적인 모습일 것입니다.

2003년 9월, 제58회 유엔 총회 개막일에 코피 아난 사무총장은 "대표 여러분, 유엔은 바로 여러분입니다"라고 단언했습니다. 이라크 전쟁으로 유엔의 평화 체제가 동요했던 것에 대한 이해를 구하고, 재건의 책임은 누구보다도 회원국에 있다고 호소한 것입니다. 총회 회의장에 우레와 같은 박수 소리가 울려 퍼졌습니다. 회원국들이 과연 그 박수를 직접 행동으로 옮길 수 있을까. 이것이 바로 우리에게 주어진 물음입니다.

평화를 위한 법

국제인도법과 국제형사재판

국제형사재판소의 재판관 취임식에서 연설하는 코피 아난 유엔 사무총장.

1

무력분쟁의 규칙

싸움의 규칙

..

오래전에 미국인 친구에게 미국 아이들의 싸움에는 크게 세 가지 규칙이 있다고 들은 적이 있습니다. 첫째, 자기보다 어린 아이는 때리지 않는다. 둘째, 여자아이는 때리지 않는다. 셋째, 안경을 쓴 아이는 때리지 않는다. 여러 사람에게 들은 이야기이니 사실인 것 같은데, 저마다 합리적인 이유가 있어 아주 재미있었습니다.

국제법에도 이와 비슷한 규칙이 있습니다. 무력행사를 할 때 지켜야 할 규칙으로서 어떤 무기가 허용되는지, 어떤 전투 방법이 허용되는지 등을 정하는 것입니다. 예전에는 교전 법규라고도 했습니다. 지금은 전쟁 희생자 보호에 관한 규칙을 추가하고 이를 한데 묶어 '국제인도법'이라고 합니다.

국제법 용어 중에는 전문가가 아니면 의미를 알기 어려운 용어가 여럿 있는데, 국제인도법도 그중 하나일 것입니다. 기아에 허덕이는 사람들을 구하는 인도적 원조에 관한 법이냐는 질문을 받는 경우가 가끔 있지만, 그런 것과는 전혀 다릅니다. 적을 공격할 때 어떤 무기를 쓰면 안 되는지, 포로를 어떻게 대우해야 하는지 등을 정한 규칙의 체계입니다.

이렇게 말하면, 법률적인 감각이 있는 사람은 이렇게 되묻습니다. '유엔 헌장에서는 전쟁은 물론 다른 무력행사도 원칙적으로 위법이 되었으니, 위법 행위를 두고 무엇이 합법이고 무엇이 위법인지 정하는 규칙이 있다는 건 이상하지 않나요?'

그렇습니다. 논리적으로는 이상합니다. 살인은 위법 행위이며 범죄라고 보면서 어떤 살인 방법은 합법이고 또 어떤 살인 방법은 위법인지를 정하는 것이나 다름없으니까요.

싸움이 그치지 않기 때문에

..

하지만 논리적으로는 이상하더라도 실제로는 그렇게 할 수밖에 없었습니다. 무력행사가 위법이 되었어도 현실에서는 무력을 행사하는 일이 벌어지고, 내버려두면 전쟁은 끝없이 잔인해지고 맙니다. 무슨 일이 있어도 보호받아야 할 일반 시민도 수없이 희생될 수 있습니다. 이런 사태를 방지하기 위해 국제사회는 무력행사를 위법으로 정하기 전부터 쓰여온 교전 규칙과 희생자 보호 규칙을 계속 적용해왔으며, 나아가 규칙의 종류를 더 늘리고 분쟁 현장에서 제대로 적용할 수 있도록 끊임없이 방안을 강구해왔습니다.

〈표 1〉 국제인도법을 구성하는 주요 조약

희생자 보호	· 제네바 협약(1949년) 　　제1협약(전지[戰地]에 있는 군대의 부상자 및 병자의 상태 개선에 　　관한 협약) 　　제2협약(해상에 있는 군대의 부상자, 병자 및 조난자의 상태 개선 　　에 관한 협약) 　　제3협약(포로의 대우에 관한 협약) 　　제4협약(전시의 민간인 보호에 관한 협약) · 제네바 협약 추가 의정서(1977년) 　　제1의정서(국제적 무력충돌의 희생자 보호) 　　제2의정서(비국제적 무력충돌의 희생자 보호)
교전 법칙	· 상트페테르부르크 선언(1868년) · 육전(陸戰)의 법규 관례에 관한 협약(헤이그 육전 협약)(1907년) · 생물무기금지협약(1972년) · 화학무기금지협약(1992년)

역설적이지만, 아마도 국제인도법은 국제법의 다양한 분야 중에서도 제2차 세계대전 후에 특히 내실화된 분야라고 해도 좋을 것입니다(표 1). 우선 1949년, 전쟁 희생자 보호에 관한 네 가지 기본적인 협약이 탄생했습니다. 통틀어 제네바 협약이라고 불리는 것으로, 처음 두 가지는 무력분쟁의 부상자 등에 관

한 것, 제3협약은 포로의 대우에 관한 것, 제4협약은 민간인 보호에 관한 것입니다. 1977년에는 이 네 가지 협약을 보완하기 위해 두 가지 조약이 추가되었습니다. 바로 1977년의 추가 의정서입니다. 각각 국제적 무력분쟁과 내전 같은 비국제적 무력분쟁의 경우에 관해 부상을 입은 병사 보호, 민간인 보호에 대한 상세한 규정을 마련했습니다.

또 국제인도법은 제2차 세계대전이 끝났을 때도 그 뒤에도 실제로 법을 적용할 국제재판소가 만들어지고 그곳을 통해 국제인도법에 새로운 내용이 덧붙여지는 과정을 거쳤습니다. 무력분쟁이 일어나지만 않았다면 이렇게 발전하지 못했겠지만, 어쨌든 이렇게 국제인도법은 '책 속에만 있는 법'에서 '살아 있는 법'으로 변모했습니다.

다양한 규칙

..

국제인도법에는 국제법에서는 찾아보기 어려울 정도로 세세한 규정이 많습니다. 예를 들면 인체를 관통하지 않고 몸 안에 남는 탄환을 써서는 안 된다는 규칙이 1899년에 마련되었습니다. 총을 맞은 사람에게 불필요한 고통을 줘서는 안 된다는 배려에서 비롯된 것입니다. 또 1949년의 제네바 제3협약에는 포로는 억류국(즉, 포로 수용소를 운영하는 적국)의 모든 장교에게 경례를 해야 하지만 같은 포로여도 장교인 경우에는 자기보다

계급이 높은 장교에게만 경례하면 된다는 규정도 있습니다. 군인 간의 예의를 존중하자는 취지이겠지요.

그렇다면 낙하산을 타고 이리저리 흔들리며 내려오고 있는 병사에 대한 공격은 허용될까요? 그런 경우가 있고 그렇지 않은 경우가 있습니다. 낙하산 부대의 병사가 공격의 일환으로 내려오고 있는 도중이라면 공격해도 되지만, 격추된 비행기를 탈출하여 낙하산으로 내려오고 있다면 공격해서는 안 됩니다(1977년 제1추가의정서).

이렇게 세심하게 마련된 규정은 단순히 그 세세함을 넘어서 방금 예로 든 낙하산의 경우는 국제인도법의 본질 중 하나를 실로 명쾌하게 드러냅니다. 낙하산으로 내려오고 있다는 점은 똑같지만, 이 둘 사이에는 본질적인 차이가 있습니다. 즉, 낙하산 부대의 병사는 **전투 중**인 데 반해 탈출하여 공중에 있는 병사는 **전투할 수 없는** 상태라고 간주하고 있는 것이지요. 전투 **중**인 병사는 공격해도 되지만, 전투 **외**의 상황에 놓인 병사는 공격하면 안 된다는 근본 원칙을 반영한 세세한 규칙입니다.

앞서 말한 불필요한 고통을 줘서는 안 된다는 것도 또 다른 근본 원칙입니다. 그리고 어떤 의미에서는 이보다 더 근본적인 원칙이 있습니다. 바로 전투원과 비전투원(일반 시민 등)을 확실히 구별하고 비전투원은 절대 공격해서는 안 된다는 원칙입니다. 또한 공격의 대상은 상대방이 군사 목적으로 사용하는 시설과 장비, 즉 '군사 목표'에 한정되며 민간 시설 같은 '비군사 목표'를 공격해서는 안 된다는 원칙도 있는데, 이것도 같은 종류의 원칙이라고 할 수 있겠지요.

이런 점들을 감안하면, 국제인도법은 '싸움의 규칙'을 정한 부분보다도 오히려 '싸움과 직접적인 관계가 없는 사람들을 보호하기 위한 규칙'의 부분이 더 많다고 볼 수도 있겠습니다. 그런 점에서 무력행사는 위법이 되었는데 무력행사의 방법에 관한 규칙이 늘어났다는 점은 사실 생각만큼 법적으로 모순되지는 않습니다.

국제인도법에서 사용해도 되는 무기와 관련하여 가장 관심을 끄는 문제는 핵무기 사용이 법적으로 인정될 것인가의 여부입니다. 다만 이 문제는 좀 더 넓은 문맥에서 생각해봐야 하므로, 관련된 논점과 함께 일곱 번째 이야기에서 다루겠습니다.

2

뉘른베르크와
도쿄의 유산

국제군사재판소에서 국제형사재판소로

..

국제인도법의 활성화는 제2차 세계대전 후 전쟁범죄와 반인도적 범죄를 재판하기 위한 국제형사재판이 실시되어 축적되어온 역사와 깊은 관계가 있습니다.

우선 제2차 세계대전 후 독일과 일본의 전쟁범죄인을 재판하기 위해 뉘른베르크 국제군사재판소와 극동 국제군사재판소가 설치되었습니다. 극동 국제군사재판은 이른바 도쿄 재판을 말합니다. 재판은 세 가지 죄, 즉 평화에 대한 범죄(침략), 반인도적 범죄, 전쟁범죄를 대상으로 이루어졌습니다. 당시 반인도적 범죄는 유대인 집단 학살 등, 요즘 말하는 제노사이드를 의미했습니다. 이에 비해 전쟁범죄는 사용해서는 안 되는 무기를 사용하거나 포로를 학대하는 것처럼 좁은 의미의 교전 규칙 위반을 말합니다.

또한 두 재판소는 전후 처리의 일환이자 승자가 패자를 재판하는 형태로 운영되었기에 국제**군사**재판소라는 이름이 붙었지만, 나중에 볼 수 있듯이 최근에는 국제**형사**재판소라는 말이 일반적으로 쓰이고 있습니다. 어디까지나 국제인도법을 위반한 사항을 재판하는 것에 주안점이 있지, 전쟁에 진 쪽을 벌하는 것을 취지로 삼지 않게 된 변화를 반영했다고도 할 수 있겠지요. 그런 의미에서도 저는 재판 자체는 국제인도법 재판이라고 부르는 편이 현재로서는 적절하다고 봅니다. 앞으로는 가끔 이 용어를 쓰겠습니다.

두 재판을 두고 평화에 대한 범죄와 반인도적 범죄는 사후법(事後法)이라는 비판도 있었습니다. '승자의 재판'이라는 비판도 있었습니다. 이런 비판은 재판 당시 변론에서도 나왔습니다. 가령 일본 측의 변호인을 맡은 미국 점령군 장교 벤 블레이크니 소령은 피고들을 (전쟁범죄인) 살인으로 기소한 것에 대해 '그러면 히로시마와 나가사키에 투하한 원폭의 잔학성은 누가 재판할 것인가'라는 취지의 날카로운 변론을 펼쳤습니다.

자국이 재판하려 하는 적국을 변호하다니 믿기 어려워하시는 분도 있을 수 있겠지만, 본업이 변호사이기도 했던 블레이크니의 행동은 법률가라는 직업의 가장 훌륭한 측면을 보여주는 것 같습니다. 자국의 이해관계를 넘어선 보편적인 법적 기준을 믿는다는 점에서이지요. 그 전쟁이 옳았다는 뜻은 아닙니다. 법적인 '사고방식'을 가진 강렬한 균형 감각이 이 사례에 잘 드러나 있다고 보는 것입니다. 특히 전쟁의 승자라면 히로시마와 나가사키에서 저지른 행위도 불문에 부칠 것인가라는 물음은 여전히 유효하지 않을까요.

새로운 법 원칙

..

여러 비판도 있었지만 결국 이런 죄들은 재판에 적용되어 몇 가지 유죄 판결을 이끌어냈습니다. 방금 언급한 문제점에도 불구하고, 그렇게 실제로 적용됨으로써 국제인도법은 역사적인 한 걸음을 내디뎠습니다. 국제법이 추상적으로 규칙을 늘어놓는 데 그치지 않고 현실 세계의 사건에 적용되어 국제법상의 범죄자를 실제로 재판한 것입니다.

그 재판 과정에서 두고두고 국제인도법의 특징을 결정하게 되는 새로운 법 원칙이 몇 가지 탄생했습니다. 예를 들면 개인 책임의 원칙이 있습니다. 국가 행위의 책임을 구체적인 개개인에게 지게 한다는 원칙입니다. 침략도 집단살해도 대개 국가 정책을 통해 저질러지는 경우가 많지만, 추상적으로 **국가를 재판하기란** 불가능하므로 국가의 위법 행위에 큰 책임을 지는 **개개인을 재판하면** 국제법의 실효성을 높일 수 있습니다. 국제인도법 위반 사항에 대한 재판을 통해 그런 생각이 구현되었습니다.

또한 '상관의 명령이었다'는 변명은 용납하지 않는다는 원칙도 거의 확립되었습니다. 뉘른베르크 국제군사재판소 헌장 제8조는 "피고가 본국 정부 또는 상관의 명령으로 행위한 경우에도 피고는 법적 책임을 면할 수 없다"라는 내용입니다. 이 원칙은 병사들에게 큰 부담이 됩니다. 전쟁범죄에 해당하는 일을 하라고 명령받았을 때, 그대로 따를지 여부를 판단하는 것은 개개인의 양심에 달려 있다는 이야기가 되기 때문입니다. 그렇지만 국가와 상관의 명령이었다는 '상관 명령의 항변'을 계속 인정하는 한, 국제인도법 재판은 영원히 성립될 수 없습니다. 이를 위해 국제인도법은 일부러 윤리적으로 엄중한 원칙을 도입한 것입니다.

국제법의 재판과 국내법의 재판

..

2004년 봄, 미군 병사가 이라크 인을 학대한 문제가 발각되어 전 세계에 충격을 안겨주었습니다. 포로도 민간인도 학대해서는 안 된다는 것이 국제인도법의 가장 기본적인 규칙입니다. 다만, 곧 다시 이야기하겠지만 현재의 국제인도법 체제에서는 전쟁범죄와 반인도적 범죄의 혐의가 있는 미군 병사를 국제재판소에서 재판할 수 있는 가능성은 전혀 없습니다. 그저 미국의 국내 재판소에서 재판하기를 기다리는 수밖에 없는데, 당시 사건에서는 용의자 몇 명이 군사 법원에서 재판을 받았습니다. 군사 법원도 '국내 재판소' 중 하나입니다.

군사 법원에 회부하려면 예비 심문에서의 결정이 필요합니다. 그 예비 심문 단계에서 국제법에 따른 재판과 국내법에 따른 재판의 차이를 잘 보여주는 일이 있었습니다. 처음으로 예비 심문에 임한 피의자 린디 잉글랜드 상병은 자신이 이라크 인의 목에 줄을 묶어 개처럼 끌고 다니거나, 개를 이용해 학대했던 일은 '상관의 명령이었다'고 항변했습니다. 다른 피의자도 마찬가지였던 모양으로, 그 점이 사실로 인정되면 미국 법률로는 군사 법원에 넘겨지지 않습니다. 이렇게 국제 재판에서는 점점 통용되지 않고 있는 항변이 국내 재판에서는 통용되고, 심지어 자신의 무죄를 주장할 근거가 될 수 있음을 새삼 실감한 국제법 전문가들은 석연치 않은 기분을 맛보았습니다.

국내법을 기준으로 생각한다면 군인이 상관의 명령에 따르는 것은 당연한 의무이며, 명령에 거역하는 것이야말로 위법이겠지요. 하지만 국제법을 기준으로 삼으면 상관의 명령이었다고 항변해도 정상참작 정도는 해줄 수 있지만 학대를 합법으로 인정해주지는 않습니다. 현대 국제법은 자신의 국가에 무한한 충성을 맹세하는 것이 아닌, 어느 국가의 사람에게든 극도로 비인간적인 처사를 하지 않기를 요구합니다. 국내법과 국제법의 괴리는 때때로 이런 모습으로 얼굴을 드러냅니다.

계속해서 설치된 국제형사재판소

이렇게 뉘른베르크 재판과 도쿄 재판의 유산이 남았지만, 그 뒤 얼마간은 이런 국제인도법 위반 사항을 재판하는 국제형사재판소가 설치된 적은 없습니다. 오랜만에 설치된 것은 1990년대로, 구 유고슬라비아의 무력분쟁과 아프리카 르완다의 내전에서 벌어진 학살을 재판하기 위해 유엔 안보리가 구 유고 국제형사재판소(ICTY)와 르완다 국제형사재판소(ICTR)를 설치했습니다. 그 외에도 시에라리온에서 있었던 잔학 행위를 재판하는 시에라리온 특별재판소에도 유엔이 관여했습니다.

구 유고에서는 잔학 행위가 잦았다고 전해지는데, 특히 '민족정화'*라는 행위는 전 세계에 충격을 주었습니다. 적대시하는 민족을 말살하려는 듯이 철저하게 학대하고 학살하는 행위로, 몇몇 민족 사이에 발생했다고 알려져 있습니다. 한 예로 1995년에 일어난 스레브레니차 학살 사건이 특히 끔찍하기로 유명합니다. 유엔 평화유지군이 있었음에도 약 8000명에 이르는 무슬림들이 세르비아 인들에게 학살당한 사건입니다. 르완다에서는 후투와 투치라는 서로 다른 인간 집단(보통은 '부족'이라고 하지만 여기서는 쓰지 않겠습니다)이 낫과 도끼로 서로 학살하는 처참하기 이를 데 없는 사태가 발생했습니다. 강력한 군대가 저

---

* 영어로는 ethnic cleansing. 한국에서는 '인종 청소'라는 번역어도 많이 쓰인다(역자 주).

항하지 않는 시민들을 습격한 것과는 다른, 막을 수도 있었던 비극이었습니다.

국제인도법 위반 사항을 재판하는 재판소가 계속해서 설치된 이유는 이런 잔학 행위를 하루라도 빨리 멈추게 하기 위해서였습니다. 그리고 분쟁이 끝난 뒤에는 재판해야 할 사람들을 제대로 심판함으로써 민족의 화해를 추진하기 위해서였습니다. 특정 국가나 인간 집단만을 재판하게 된다는 문제점도 분명 있기는 합니다. 하지만 이런 문제점을 염두에 두더라도, 이렇게 재판소가 급격히 늘어나는 과정에서 국제인도법이 장족의 발전을 이루었던 것도 분명한 사실입니다. 2002년에는 한 가지 결실로서, 특정 국가의 특정 사건과 범죄가 아닌 어디서 일어난 사건이든 모두 재판하는 것을 목표로 하는 국제형사재판소(ICC)가 설립되었습니다.

국제인도법의 현황

..

국제형사재판소에 대해서는 나중에 이야기하기로 하고, 이렇게 급속히 발전한 국제인도법이 현재 어떤 내용으로 구성되어 있는지 정리해둡시다. 여기서는 일단 국제형사재판소 설립을 위한 조약인 로마 규정을 토대로 살펴보겠습니다. 로마 규정은 크게 세 부분으로 구성됩니다.

첫째, 집단살해죄입니다. 제노사이드(genocide)라는 영어 단어로도 잘 알려져 있습니다. 특정 인간 집단을 절멸시키거나, 절멸까지는 아니어도 많은 목숨을 빼앗는 것입니다. 바로 이것을 원점으로 제2차 세계대전 이후 인도법이 발전했습니다. 국제사회는 제2차 세계대전 당시 일어난 제노사이드가 다시는 발생하지 않도록 하기 위해 다양한 법 제도를 만들어온 것입니다.

둘째, 반인도적 범죄입니다. 뉘른베르크 재판에서 이 말은 제노사이드를 의미했습니다. 지금은 제노사이드와는 별개로 민간인(즉, 전투원이 아닌 사람들)에게 가해지는 다양한 비인도적 행위를 말합니다. 구체적으로는 살인 외에도 인간을 노예처럼 다루는 것, 강제 이주, 고문, 온갖 종류의 성적 폭력 등이 포함됩니다.

셋째, 전쟁범죄입니다. 상대방에게 불필요한 고통을 주는 무기를 사용하는 일, 전투원과 비전투원을 구별하지 않고 공격하는 일, 포로를 학대하는 일 등 전쟁 방식에 관한 규칙을 어기는 행위가 전쟁범죄입니다.

로마 규정에는 또 한 가지 죄가 추가되었습니다. 바로 침략범죄입니다. 하지만 침략의 정의에 관해 나라 간에 합의를 보지 못해서 그동안 이 죄로는 사람을 재판할 수 없었습니다.* 여기

---

* 2010년 6월 캄팔라에서 열린 로마 규정 첫 번째 재검토회의에서 침략범죄의 정의에 관한 합의가 이루어졌으며, 2017년 12월 뉴욕에서 열린 국제형사재판소(ICC) 제16차 당사국총회 결의에 따라, 침략범죄에 대한 국제형사재판소의 관할권 행사가 2018년 7월 17일부터 개시된다. 다만 침략범죄 개정안을 비준하지 않은 국가의 국민에 의해 저질러진 침략범죄 등에 대해서는 재판소가 관할권을 행사할 수 없다(역자 주).

서 한 가지 모순된 점이 보입니다. 뉘른베르크와 도쿄 재판에서 침략은 '평화에 대한 범죄'라고 불렸습니다. 제2차 세계대전 이후 국제법의 초석이 된 이 '죄'가 국제인도법이 발전하면서 일시적이기는 하지만 갑자기 사라져버린 것입니다. 국제법에서 '범죄'를 정하기가 얼마나 어려운지 이 사실을 통해 잘 알 수 있습니다.

3

제노사이드의 최전선
: 인도법 재판의 공방 :

계속되는 제노사이드

..

제2차 세계대전 중에 발생한 제노사이드를 계기로 종전 후 국제인도법과 국제인도법 재판이 활성화되었습니다. 다만 전쟁 중과 전쟁 후는 두 가지 점에서 크게 다릅니다. 먼저 제노사이드라고 불리는 것의 규모가 바뀌었습니다. 나치 독일이 유대인을 학살한 홀로코스트의 희생자는 총 600만 명이라고 알려져 있지만, 최근에는 스레브레니차 학살 같은 수천 명 단위의 사건도 제노사이드라고 합니다. 홀로코스트의 1000분의 1 규모여도 제노사이드라고 불리며 중대 범죄로 취급되는 것이지요. 국제사회의 법 의식이 그만큼 변화한 것인지도 모르겠습니다.

다음으로는 이런 국제범죄가 제노사이드에 그치지 않고 다양한 '반인도적 범죄'로 확장되었습니다. 이미 많은 재판 사례가 있는 구 유고 국제형사재판소의 경우, 피고인이 저지른 죄의 내용 중 많은 부분이 민간인 살인과 학살, 성적 폭력 같은 반인도적 범죄입니다.

그렇다면 제노사이드 자체가 줄어들었을까요? 꼭 그렇지도 않습니다. 크고 작은 규모의 차이는 있지만 어느 정도 많은 수의 사람들이 목숨을 잃는 비극은 제2차 세계대전 뒤에도, 냉전 종식 뒤에도 계속 이어지고 있는 것입니다. 규모가 꽤 큰 경우도 있어, 2003년부터 수단의 다르푸르 지방에서 살해된 사람은 수만 명에서 수십만 명에 이른다고 추정됩니다.

시민적 제노사이드

..

앞에서 언급한 르완다 학살은 이렇게 규모가 큰 제노사이드 중 하나입니다. 1994년에 일어나 80만 명에서 100만 명에 이르는 피해자가 발생했다고 합니다. 게다가 대부분 불과 10주 정도의 기간에 목숨을 잃었기에, 짧은 기간에 많은 희생자를 낳았다는 사실을 고려하면 나치의 홀로코스트에 필적한다고 해도 과언이 아닙니다.

다만 홀로코스트와 근본적인 차이점이 하나 있습니다. 나치처럼 강대한 군사적 권력이 존재하고 그 권력이 약자를 괴롭히고 죽였다기보다는, 서로 다른 집단에 속한 일반 시민이 서로를 살해한 경우가 꽤 많았다는 점입니다. 당시 정부 권력을 쥐고 있던 후투와 당시에는 반정부 세력이었던 투치가 서로 대립했습니다. 수년간 내전 상태였지만, 1994년 시점에서는 주로 후투가 투치를 학살하는 구도였습니다. 그 반대인 경우도 있었고, 후투 과격 세력에게 죽임을 당한 후투 온건 세력도 있습니다. 특히 처참했던 일은 후투의 일부가 '투치를 죽여라'라고 조장하는 선동 방송을 라디오로 내보내고, 방송에 선동된 많은 일반인이 낫과 도끼를 들고 살해에 나섰다는 것입니다. 이런 광란 상태가 5월부터 7월 말까지 이어졌습니다.

이 끔찍한 일을 저는 '시민적 제노사이드'라고 부릅니다. 정부군 병사와 후투 과격 세력의 민병이 학살을 저지른 경우도 물론 있었지만, 권력에 의한 조직적 제노사이드와는 달리 평범한 시민들에 의한 학살이 거듭되었다는 측면을 주목한 용어입니다. 조직적이지 않은 보통 시민이 낫과 도끼로 학살했다면, 사태를 막기란 그렇게 어려운 일이 아니었겠지요. 그럼에도 막지 못했다는 이해할 수 없는 사실이 이 사건의 특히 충격적인 점입니다. 당사자에게는 이미 막을 수 있는 능력이 없었습니다. 그렇다면 누군가 외부인이 막을 수밖에 없었던 것이지요. 하지만 국제사회는 정작 중요한 순간에 그런 노력을 하지 않았습니다.

또 다른 희생자

..

당시 르완다에서는 유엔 르완다 지원단(UNAMIR)이라는 평화유지군이 활동하고 있었습니다. 하지만 이렇다 할 자원도 없고 전략적으로 중요하지도 않은 르완다에 관심을 가지는 나라는 많지 않았습니다. 특히 일부 대국은 유엔 사무국의 지원 요청에도 거의 열의를 보이지 않는 형편이었습니다.

유엔 르완다 지원단의 주요 임무는 원래 정전 감시였고, 장비도 경장비에 인원도 2500명 정도로 소규모였습니다. 또 1994년 4월에 벨기에 부대 병사 10명이 무장세력에게 살해되는 사건이 일어나자, 그나마 제대로 훈련받은 몇 안 되는 부대였던 벨기에 군이 철수하기로 결정했습니다. 유엔 르완다 지원단의 인원은 단번에 1500명으로 줄어들었습니다.

학살이 본격화되는 동안 유엔 안보리는 무엇을 했을까요. 하필이면 유엔 르완다 지원단의 인원을 270명으로 줄인다는 결의를 채택했습니다. 지원단 사령관의 반대를 무릅쓰고, 또 "5000명을 더 추가해주면 치안을 유지할 수 있다"라는 그의 호소까지도 물리치고 한 결정이었습니다. 이리하여 막을 수도 있던 학살이 끝없이 계속되었습니다. 그 결과 희생자가 80만 명에서 100만 명에 이르는 미증유의 시민적 제노사이드가 일어났습니다.

그런데 이 제노사이드의 배후에는 또 다른 희생자가 있습니다. 1993년 10월부터 1994년 8월까지 유엔 르완다 지원단의 사령관이었던 캐나다의 로메오 달레어 준장(나중에 중장)입니다. 원군 요청을 거절당한 이 사령관이 할 수 있었던 일은 눈앞에서 폭행을 당하고 학살당하는 사람들을 어찌할 도리 없이 바라보는 것뿐이었습니다. 게다가 병사 10명이 죽은 벨기에에서는 달레어 사령관의 책임을 묻는 비난이 쏟아졌습니다. 하지만 어찌할 도리 없이 바라보기만 했다는 것은 지나친 말일 수도 있습니다. 인원을 270명으로 줄이겠다는 안보리 결의에 따라 지원단이 350명 정도로 줄어들었을 때, 그는 그 인원만으로도 할 수 있는 만큼 시민을 지키겠다고 결심하여 2만여 명의 르완다인을 보호하고 그 사람들의 생명을 지켰습니다. 하지만 역시 역부족이었습니다. 결국 그는 학살이 일단락된 8월에 스스로 자리에서 물러나 캐나다 육군으로 복귀했습니다.

악마와의 악수

··

만약 '통한의'라는 표현을 써도 된다면, 원군 요청을 무시하다시피 한 것은 그야말로 안보리가 범한 통한의 실책이었다고 할 수 있습니다. 350여 명의 경무장 병사로 2만 명 넘는 사람들을 지킬 수 있었으니, 5000명에서 6000명 정도의 병사가 있었다면 참사는 상당 부분 막을 수 있었다고 보기 때문입니다. 얄궂게도 안보리는 1994년 5월에 유엔 르완다 지원단 요원을 5500명으로 늘리는 결의를 채택했습니다. 하지만 체제가 모두 갖춰진 것은 달레어 사령관이 떠난 지 한참 후인 10월이었습니다.

어째서 달레어 사령관은 피해자일까요? 평화유지군의 사령관으로서 필요한 장비도 인원도 제공받지 못하고 실의에 빠져 르완다를 떠났기 때문만은 아닙니다. 책임감이 강하기도 했던 그는 귀국한 뒤에도 학살을 멈추게 하지 못했던 자신을 계속 책망했습니다. 2002년, 인터뷰에서 그는 이렇게 증언했습니다.

"사건 후 8년이 지났는데도, 상처 입은 아이들의 비명과 목숨을 건진 사람들의 울음소리가 여전히 귓속에서 울려 퍼집니다. 시체 썩는 냄새로부터도 벗어날 수 없습니다. 가장 괴로운 일은 수만 명에 이르는 사람들의 눈이 어둠 속에 떠올라 분노와 비난이 담긴 눈빛을, 그리고 살려 달라고 애원하는 눈빛을 끝없이 내게 보내오는 것입니다."

중증의 PTSD(심적 외상 후 스트레스 장애)가 나타났습니다. 우울증에 걸리고 약물과 알코올에 중독되었습니다. 2000년에 의병 제대한 직후에는 오타와의 인근 마을 공원에서 약물과 알코올을 함께 사용하여 혼수 상태에 빠진 채로 구조된 적도 있습니다.

다행히 그 뒤 병세는 거의 호전되었습니다. 2003년에는 르완다에서 겪은 일을 상세히 쓴 『악마와의 악수*Shake Hands with* *the Devil*』라는 명저도 출판했습니다. 인상적인 이 제목은 그가 캐나다에 돌아온 뒤 군대에 소속된 목사가 그에게 "그토록 끔찍한 일을 겪은 뒤에도 신을 믿을 수 있습니까?"라고 물었던 일을 계기로 붙여졌습니다. 이에 그는 "믿을 수 있습니다. 저는 르완다에서 악마와 악수도 했고, 냄새도 맡았고, 악마를 만져보기도 했습니다. 악마의 존재를 알기에 신의 존재를 믿을 수 있습니다"라고 대답했다고 합니다. 악마는 르완다 인 가운데 광기에 사로잡힌 사람들이기도 하지만, 그뿐만은 아닙니다. 상황이 매우 악화되고 있다는 것을 알면서도 르완다를 내버린 국제사회이기도 합니다.

이후 그는 전쟁의 희생양이 된 아이들을 돕는 활동을 하고 있습니다. 국제인도법의 최전선에서 이루어지는 일입니다.『악마와의 악수』의 부제는 '르완다에서 실패한 인도(人道)'인데, 그럼에도 인도를 존중해야 한다는 그의 말에서 한 줄기의 희망이 보이는 듯합니다.

4

벨기에 인도법

'우리가 재판한다'
..

달레어 사령관은 국제사회가 르완다를 내버렸다고 말했지
만, 사실 뒤늦게나마 르완다 문제에 대응했습니다.

앞서 살펴봤듯이, 1994년에 유엔 안보리는 르완다의 국제인
도법 위반 사항을 재판하기 위해 르완다 국제형사재판소라는
특별 재판소를 설치했습니다. 재판소는 탄자니아의 아루샤에
설치되어 1997년부터 재판을 시작했습니다. 2005년 봄까지 제
노사이드의 죄와 반인도적 범죄로 17건의 판결을 내렸고(피고
23명), 재판 8건(피고 25명)이 진행 중입니다.* 유죄 판결을 선고
받은 사람들 중에는 전 총리 1명, 전 장관 3명, 지사 1명 등 학살

이 일어났을 때 요직에 있던 사람들도 있습니다.

구 유고슬라비아에서 있었던 국제인도법 위반 사항을 재판하고, 르완다 문제를 재판함에 따라 국제사회가 인도법 위반을 재판 없이 그냥 넘어가지는 않는 흐름이 자리 잡았다고 할 수 있습니다. 유엔 안보리만이 아닙니다. 르완다의 제노사이드를 재판하고자 단독으로 나선 나라가 있습니다. 얄궂게도 달레어 사령관의 평화유지군에서 가장 먼저 부대를 철수한 벨기에입니다.

1993년, 벨기에는 다른 나라에서 발생한 전쟁범죄를 벨기에의 국내 재판소가 재판할 수 있다는 국내법을 제정했습니다. 그리고 1999년에 법을 개정하여 제노사이드와 반인도적 범죄에 관한 재판을 추가했습니다. 이 법률을 흔히 벨기에 인도법 또는 벨기에 제노사이드 법이라고 부릅니다.

국제법의 세계는 이 법률을 놀라움 섞인 시선으로 주목했습니다. 다른 나라에서 일어났으며 자국과는 직접적인 관계가 없는 범죄 행위를 재판한다는 것은 국제법의 상식을 크게 벗어나

---

* 르완다 국제형사재판소(ICTR)는 93명의 피고인을 기소하여 62명에게 유죄 판결을 선고하였다. 14명은 무죄 선고를 받았으며 10명의 피고인은 프랑스(2건)와 르완다(8건)의 국내 재판으로 회부되었다. 르완다 국제형사재판소는 2015년 12월 말에 공식 활동을 종료하였으며, 후속 업무는 유엔 전범재판소 잔여업무처리기구(Mechanism for International Criminal Tribunals)에서 맡는다. 이 기구는 2017년 말 공식 활동을 마무리한 구 유고 국제형사재판소(ICTY)의 잔여업무도 수행하고 있다(역자 주).

는 일이었기 때문입니다. 하지만 이 법률에 따르면 어떤 나라에서 발생한 범죄이든 용의자의 국적이 어디이든 벨기에의 재판소에서 재판할 수 있으리라고 기대해볼 수 있습니다. 르완다에서 르완다 인이 르완다 인을 대량 학살한 경우가 한 예입니다. 그 때문에 실제로 이 법률은 인도법 위반 사항의 재판을 요청하는 인권 단체들의 주목을 받았습니다. 그 배경에는 그런 범죄는 인류 전체에 대한 범죄이므로 누가 재판하든 괜찮지 않느냐는 생각이 있습니다.

공상이 현실로

..

하지만 실제로는 그런 법이 적용되어 재판이 열리기는 어려울 것이라고 많은 사람들이 생각했습니다. 용의자를 벨기에에 데려오는 일 자체가 매우 어렵기 때문입니다. 하지만 그 어려운 일이 실현되었습니다. 1994년의 제노사이드에 관여한 르완다 인 4명이 때마침 벨기에로 이주해왔고, 그들은 체포되어 재판에 넘겨졌습니다. 두 사람은 베네딕토회 수녀, 한 사람은 대학 교수, 한 사람은 후투 중심주의의 이론적 지도자이기도 했던 공장 경영자입니다.

2001년 6월, 네 사람 전원에게 유죄 판결이 내려졌습니다. 12년에서 20년의 금고형이었습니다. 이는 국제법 세계의 혁명이었다고도 할 수 있습니다. 인류 전체에 대한 범죄라면 어떤 나라의 재판소이든 재판 관할권을 가진다, 즉 어떤 나라이든 재판해도 된다는 발상을 '보편적 관할권'이라고 부르는데, 말처럼 쉽지는 않은 이 발상을 실행에 옮긴 것이었기 때문입니다.

하지만 이런 움직임은 한편으로는 불안감을 불러일으키기도 했습니다. 이 방식이 인정되면, 즉 전 세계의 제노사이드나 반인도적 범죄를 모두 벨기에에서 재판해줄 것이라는 기대가 생기면, 온갖 사건으로 '소송이 난무하는' 사태가 벌어지고 벨기에 재판소가 타국 재판소의 관할권을 침해하게 될 수도 있기 때문입니다.

실제로 벨기에 인도법이 탄생한 뒤 벨기에의 재판소에는 많은 사람과 관련된 소송이 제기되었습니다. 캄보디아에서 학살을 저지른 폴 포트 세력의 간부들, 칠레에서 군사 정권을 이끌며 인권을 탄압한 피노체트 전 대통령, 팔레스타인 난민 캠프 학살 사건을 일으킨 이스라엘의 샤론 총리 등입니다. 상황이 이렇게 되자 이 흥미로운 시도에도 국제법적으로는 제동을 걸어야 한다는 의견이 나왔습니다.

2002년, 헤이그 국제사법재판소가 제동을 걸었습니다. 제소된 사람 중 한 명인 콩고 민주공화국 전 외무장관에 대한 체포영장을 무효라고 판단한 것입니다. 2000년 학살 사건이 일어난 당시 외무장관이었던 인물인데, 현직 외무장관에게는 타국에 체포되지 않는 외교 특권이 인정되기 때문이었습니다. 이렇게 되면 앞서 말한 수녀 같은 경우는 몰라도 피노체트나 샤론을 재판에 회부하는 일은 현실성 없는 이야기가 되어버립니다.

우여곡절 끝에 벨기에 국회는 2003년 8월에 이 인도법을 적용하기 매우 어렵도록 법을 개정하여 사실상 폐지나 다름없는 조치를 취했습니다. 제노사이드와 반인도적 범죄가 반드시 심판받아야 한다는 생각은 분명 맞지만, 벨기에 재판소가 보편적 관할권을 독점하고 세계에 군림하는 인도재판소라도 된 듯한 체제를 유지하기란 지금의 세계에서는 역시 어려웠던 것 같습니다(다만 벨기에만큼 눈에 띄지는 않지만, 보편적 관할권을 행사하고자 하면 할 수 있는 나라는 벨기에 외에도 독일과 스페인 등이 있습니다).*

---

* 르완다 학살 관련 재판은 르완다와 르완다 국제형사재판소(ICTR) 외에도 벨기에, 스위스, 독일, 캐나다, 핀란드, 노르웨이, 스웨덴, 네덜란드, 프랑스 등 여러 국가에서 진행되었으며 이들 법원에서 책임자들에게 유죄를 선고하기도 했다(역자 주).

5

국제형사재판소

'국제사회가 재판한다'

..

국제인도법을 위반하는 것은 인류 전체에 대한 범죄이며 그 죄에 보편적 관할권을 설정한다면, 역시 국제재판소에서 그런 위반 사항을 재판하는 것이 옳을 것입니다. 그렇지만 국제재판소를 설립하기는 쉽지 않습니다. 그렇기에 벨기에처럼 단독으로 무엇이든 재판하려 드는 나라도 나타납니다.

하지만 그렇게 어려운 일이 마침내 실현되었습니다. 국제형사재판소가 설립된 것입니다. 1998년 유엔이 주최한 회의에서 설립을 위한 조약이 채택되어 2002년 7월에 발효되었습니다. 그 조약이 바로 로마 규정으로, 규정에는 재판소가 다룰 수 있는 '범죄'가 상세히 열거되어 있습니다. 그것이 (1) 집단살해죄 (2) 반인도적 범죄 (3) 전쟁범죄라는 것은 앞에서도 살펴봤습니다.

재판소는 국제사법재판소와 마찬가지로 헤이그에 있습니다. 재판관 18명이 재판부를 구성하고, 소추관(검사) 1명과 소추관 대리 1~2명으로 구성된 검찰국이 설치되었습니다. 소추 절차가 시작되는 경우는 세 가지가 있습니다. (1) 로마 규정에 가입한 나라('당사국'이라고 합니다)가 소추관에게 회부한 경우 (2) 유엔 안보리가 소추관에게 회부한 경우 (3) 소추관이 직권으로 수사를 시작한 경우입니다(그림 5).

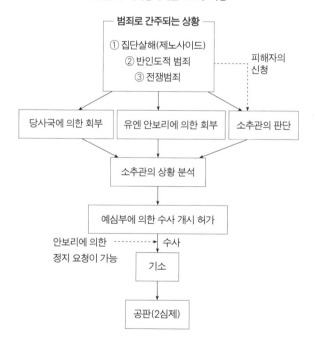

〈그림 5〉 국제형사재판소 소추 과정

많은 인권 NGO가 국제형사재판소 설립을 추진하고, 실현을 환영했습니다. 로마 규정의 전문에는 20세기에 수백만 명에 이르는 사람들이 상상을 초월하는 잔학한 행위에 희생되었다는 점, 그런 중대한 범죄는 국제사회 전체의 관심사이며 그런 범죄를 저지른 자가 처벌을 면하는 상태를 방치해서는 안 된다는 내용 등이 실려 있는데, 바로 이것이 국제형사재판소 설립을 추진한 NGO들의 생각이기도 했기 때문이지요.

미국의 반란

··

그런데 이런 재판소가 생기면 인도법을 위반한 모든 사건을 재판할 수 있을까요? 사실 그렇게 쉬운 일은 아닙니다. 무엇보다 국제형사재판소 체제는 로마 규정이라는 국제조약을 통해 정비되었으므로, 로마 규정의 당사국 국민이 아니면 원칙적으로는 재판할 수 없습니다. 로마 규정에는 (1) 범죄의 무대가 된 나라 (2) 범죄를 저지른 사람의 본국 중 어느 한쪽이 규정의 당사국인 경우 재판소는 재판을 할 수 있다고 정해져 있습니다.

이런 점에서 미국이 계속 문제로 남아 있습니다. 이 재판소 체제에 합류하기를 바라는 목소리가 있는데도, 미국은 세계 각지에서 활동하고 있는 미국 병사가 소추되면 안 된다는 판단에서 아직도 로마 규정을 비준하지 않고 있습니다. 그뿐 아니라 클린턴 정부 시절에 했던 서명을 이례적으로 부시 정부가 철회하여 국제형사재판소에 반대하는 입장을 내보이기도 했습니다. 비준하지 않은 군사 대국은 미국뿐 아니라 중국과 러시아도 있지만, 노골적으로 반대하는 입장을 보이고 있다는 점에서 두 나라보다 눈에 띕니다.*

미국의 자세를 문제 삼는 것은 다른 어떤 나라보다도 미군이 인도법을 위반하는 경우가 많을 것이기 때문이라는 의미는 아닙니다. 세계 공통의 법 체제를 정비하려 할 때 자신만 예외로 취급해 달라는 나라가 있는 건 좋지 않다는 의미입니다. 다만 미국이 규정을 비준하지 않아도 미국 병사가 소추될 가능성이 전혀 없지는 않습니다. 방금 언급했듯이 범죄의 무대가 된 나라가 규정 당사국이기만 하면 재판을 열 수 있습니다. 따라서 가령 미국 병사가 어떤 나라에서 인도법을 위반하고, 그 나라가 로마 규정 당사국이면 그 나라가 미국 병사를 제소하여 재판에 넘길 가능성은 남아 있는 것입니다. 하지만 군대를 배치하는 경우는 상대국의 요청에 따르거나 상대국의 의사에 관계없이 하거나 둘 중 한 가지이므로, 실제로는 제소 가능성이 낮다고 봐야겠지요.

이렇게 미국은 인도법 위반에 대한 세계적인 처벌 체제의 진

---

* 국제형사재판소(ICC) 헌장인 로마 규정에는 123개국(2018년 기준)이 가입되어 있다. 한국은 2002년 11월에 로마 규정을 비준하여 83번째 당사국이 되었다. 일본은 2007년 4월에 비준하고 같은 해 10월에 105번째 당사국이 되었다(역자 주).

공 지대가 되었습니다. 물론 미국은 이 체제에 합류하지 않겠다고 결정할 주권 국가로서의 자유가 있습니다. 하지만 문제는 미국이 이런 주권적 자유를 행사할 뿐 아니라 추가로 반(反)국제형사재판 정책을 실시하여, 재판소 설립을 추진해온 나라들과 단체들로부터 엄중한 비판을 받고 있다는 점입니다.

반ICC 정책

..

첫 번째 추가 정책은 미국과 군사적 협력 관계에 있는 나라들에 영향력을 행사하여 미국 병사를 재판소에 제소하지 않겠다는 약속을 포함한 양자 협정을 맺고 있는 것입니다. 로마 규정 98조에 이런 경우는 소추를 면제한다고 정한 규정이 있어서 '98조 협정'이라고도 불리는데, 미국은 이 협정을 맺지 않으면 군사 원조를 중지하겠다는 조건까지 내걸고 있습니다. 국제형사재판소 설립을 추진해온 인권 NGO 중에는 심지어 이 양자 협정을 '헤이그 침략 협정'이라고 부르며 비판하는 곳도 있습니다. 헤이그란 국제형사재판소를 가리키므로, 그 재판소에 대한 노골적인 공격이라는 의미입니다.

두 번째 정책은 로마 규정을 비준하지 않은 나라, 즉 미국 같은 나라가 자국 병사를 유엔 평화유지활동과 유엔이 권한을 부여한 군사 활동에 파견한 경우, 그 병사를 국제형사재판소의 재판에 회부하지 않도록 미국이 요구한 것입니다. 안보리 결의로 사전에 소추를 면제하라는 요구였습니다. 국제형사재판소가 탄생되기 직전인 2002년 6월의 일입니다. 결국 안보리는 타협하여 소추 **면제**가 아닌 1년간의 소추 **유예**를 인정하는 결의를 7월에 채택했습니다. 그리고 1년 후인 2003년 7월에는 추가로 1년을 연기하기로 정해졌습니다. 무슨 일이 있어도 미국 병사를 국제형사재판에 회부하게 하지 않겠다는 강경한 태도를 관철한 것입니다.

그렇지만 미국의 자기 중심적인 반국제형사재판소 정책이 모두 성공한 것은 아닙니다.

'국제형사재판소를 위한 연합'이라는 NGO의 조사에 따르면, 2005년 말까지 98조 협정에 서명한 나라는 96개국(그중 로마 규정 당사국은 42개국)인데, 비준까지 이른 협정(즉 '조약'이 된 것)은 20건에 지나지 않았고 20건 중 로마 규정 당사국과의 협정은 불과 13건이었습니다. 전 세계에서 54개국이 서명 자체를 분명히 거부하고 있습니다. 로마 규정 당사국 100개국 중에는 (거부도 포함하여) 아직 서명하지 않은 나라가 57개국에 이릅니다. 그 57개국 중 18개국은 미국이 군사 관련 원조를 중지했지만 그럼에도 계속 저항하고 있습니다. 미국의 정책에 대한 공감은 예상보다 약한 듯합니다.

또한 미국 병사의 소추 면제 혹은 소추 유예도 미국의 의도대로 실현되지는 않았습니다. 국제형사재판소의 핵심적인 기능을 마비시킬 수도 있는 예외주의적 조치에 대한 국제사회의 반발은 예상보다 거세어, 소추 유예를 인정하는 안보리 결의를 추가로 갱신해서는 안 된다는 목소리가 높아진 것입니다. 갱신 시기가 다가온 2004년 6월에는 코피 아난 사무총장이 올해 갱신 결의는 채택하면 안 된다며 이례적으로 의견을 표명하는 사태까지 벌어졌습니다. 결국 미국은 갱신을 요구하는 안보리 결의안을 철회했습니다.

미국은 미국 나름의 입장이 있겠지요. 또한 국제형사재판소 같은 재판소가 만들어지기만 하면 모든 일이 해결되는 것도 아닙니다. 예를 들면 2005년까지 재판소에 회부된 사건, 즉 기소된 사건은 4건입니다(그중 3건이 수사 시작). 4건 중 1건은 유엔 안보리가 회부했지만(수단 다르푸르의 사건), 다른 3건은 해당 국가의 정부가 회부한 것입니다(우간다, 콩고민주공화국, 중앙아프리카공화국).* 즉, 신중히 처리하지 않으면 반정부 세력만을 재판할 수도 있는 위험성이 있음을 의미합니다. 앞으로 재판소

---

* 국제형사재판소(ICC)는 2018년 현재 11개 사태와 관련한 26개 사건에 대한 수사와 재판을 진행하고 있다. 이 중 해당 국가의 정부가 회부한 경우는 5건(콩고민주공화국, 우간다, 중앙아프리카공화국, 말리, 중앙아프리카공화국), 유엔 안보리가 회부한 경우는 2건(수단 다르푸르, 리비아), ICC 소추관(검사)이 직권으로 수사를 시작한 경우는 4건(케냐공화국, 코트디부아르, 조지아, 부룬디)이다. 주로 내전과 관련한 전쟁범죄 및 반인도적 범죄 혐의이거나, 독재자들이 범한 집단학살 사건에 해당한다.
　한편 아프리카 지도자들은 ICC의 조사가 주로 아프리카 지역에 편중되어 있다는 비판을 제기한다. 이런 이유로 부룬디는 ICC 설립 이래 최초로 2017년에 ICC를 공식 탈퇴하였다(역자 주).

의 공평성이 엄중히 요구될 것입니다.

하지만 이런 사실과 특정 나라의 병사만 소추를 면제받아도 되는지 여부는 전혀 다른 문제입니다. 법의 지배를 세계 곳곳에 확산시켜 평화의 기초를 다지는 것이 국제형사재판소의 목표인 이상, 자기 예외주의를 무턱대고 인정할 수는 없습니다. 어둠 속에서 달레어 사령관을 끊임없이 질책하는 수만 개의 눈을 달래기 위해서라도, 이런 제노사이드 방지책을 확산시켜 '당신들이 당한 학살을 국제사회는 두 번 다시 용납하지 않겠다'고 말할 수 있도록 노력해야 하지 않을까요.

평화를 재정의하다

인간을 위한 평화

수단 남부의 마을에서 영양 부족에 시달리는 아이들을 돌보는 '국경없는의사회'의 간호사.

1

'평화를 원한다면
전쟁에 대비하라'

'지키기' 위한 '대비'
··

"평화를 원한다면 전쟁에 대비하라(Si vis pacem, para bellum)"
라는 격언이 있습니다. 누가 처음 한 말인지는 여러 설이 있어
확실하지 않지만, 그리스 로마 시대부터 쓰인 말입니다. 이른바
자위(自衛)의 개념입니다만, 나라와 시대를 불문하고 꽤 일반적
으로 받아들여진 생각이라고 봐도 될 것입니다.

이는 평화관이기도 하며, 안보관이기도 합니다. '평화=안보'
라고 생각한다는 점에서입니다. 더 구체적으로 말하면 '평화=**군
사적** 안보'라고 보는 관점이기도 합니다. 나중에 살펴보듯이 평
화란 꼭 안보와 같은 의미는 아니며 더욱이 군사적 안보(군사력

으로 나라를 지키는 것) 그 자체도 아니라는 생각이 자리 잡게 되지만, 이 '전쟁에 대비하는' 평화관은 오랫동안 이어져왔습니다.

자위가 중요하다는 점에는 반대하는 의견도 그리 많지 않겠지요. 타국의 공격을 받기 쉬워지거나 타국의 공격을 받아도 자신의 몸을 지킬 방법이 없다는 것 자체는 딱히 바람직하지 않기 때문입니다. 이 격언이 비교적 최근까지 널리 받아들여진 기본적인 이유도 그 때문일 것입니다.

다만 자위가 중요하다는 점과 이 격언으로 평화의 모든 것을 설명할 수 있을지 여부는 또 다른 문제입니다. 이 격언이 위태로운 균형을 기반으로 성립되어, 자칫 잘못하면 평화를 확보하기보다는 전쟁을 추진하는 원리가 될 수도 있기 때문입니다. 어떤 의미에서 그럴까요? 크게 두 가지 점을 살펴보겠습니다.

정말 '억지력'이 있는가
..

첫 번째, 철저히 평화를 위한 원리라면 어디까지나 전쟁에 '대비하는' 선에서 그치고 전쟁 일보 **직전에** 멈춰야 하는데 실제로는 그렇게 되지 않는 경우도 많다는 점입니다. '대비'만 하고 '전쟁' 일보 직전에 멈춘다는 말은 바꿔 말하면 '대비'가 상대방의 공격을 단념하게 하는 **억지력**으로 작용한다는 의미입니다. 그렇게 끝나면 다행이지만, 아무리 '대비'를 단단히 해도 억지 효과가 전혀 작용하지 않는 상대방이 있을 수도 있습니다.

네 번째 이야기: 평화를 재정의하다

합리적인 반응을 기대할 수 없는 상대와의 사이에서 평화는 군사적 대비와는 다른 방법으로 구축할 수밖에 없습니다.

이와 필적하는 또 한 가지 문제점은 충분한 '대비'가 **자신을** 억지할 수 있다는 보증은 어디에도 없다는 것입니다. 강력한 군사력을 가진 만큼 타국에 정당화할 수 없는 공격을 가하지는 않을까요? 그렇지 않을 것이라고 확신할 수 있을 만한 경험이 우리 인류에게는 없습니다. 예를 들면, 세계대전 당시와 종전 후를 통틀어 일본의 팽창주의를 경고하고 종전 후 한때는 총리를 역임하기도 했던 이시바시 단잔은 이 문제를 정확히 지적합니다.

> "예로부터 어떤 나라든 자국이 침략적 군비를 보유하고 있다고 표명한 나라는 없습니다. 모든 나라가 자국의 군비는 그저 자위 목적이라고 주장했습니다. 아마 그들은 진심으로 그렇게 믿고 있었겠지요. 하지만 자위와 침략은 전술적으로도 전략적으로도 명확히 구별할 수 없습니다. 그렇게 자위를 위한 군비만을 보유하고 있었을 나라들 사이에 제1차 세계대전, 제2차 세계대전이 모두 일어났습니다." (마쓰오 다카요시 엮음,『이시바시 단잔 평론집石橋湛山評論集』)

물론 '대비'를 한 나라가 **모두** 침략을 저지른다는 말은 아닙니다. 적어도 현대 세계를 보는 한 그렇지는 않습니다. 다만 역사적으로는 그런 예가 많았던 것도 사실이므로, 이시바시 단잔의 경구는 여전히 무시할 수 없는 가치가 있습니다.

두 번째로 만약 타국을 억지하지 못하여 공격을 받고 '대비'를 실제로 쓸 수밖에 없는 경우, 그런데도 '평화'를 논할 수 있으려면 타국을 성공적으로 반격하고 나아가 큰 피해를 내지 않고 이기는 것이 조건입니다. 어쨌든 외적에 끝까지 저항하는 일이 최우선 과제라는 의견도 있겠지요. 하지만 그 때문에 수십만, 수백만에 이르는 희생자를 낳거나 국토를 잿더미로 만든다면 역시 (완전한 긴급 사태는 차치하더라도) 다른 방법을 생각해야 할 것입니다.

서구에는 '피로스의 승리'라는 말이 있습니다. 상대를 항복시키고 형식적으로는 이겼지만 수많은 희생자를 낳은 싸움을 말합니다. 기원전 280년 무렵 고대 그리스 세계의 피로스라는 왕이 로마를 공격하여 이기기는 했지만 상대방과 비슷한 수의 희생자를 낳았던 일에서 유래한 말이라고 합니다. 순전한 자위 목적이든 따져보면 침략인 경우이든 그런 결과로 이어진 예는 적지 않습니다. 게다가 이기면 또 몰라도 진다면 물적·정신적 손실은 더욱 크겠지요.

비참함은 마찬가지

..

앞에서 살펴본 두 번째 경우처럼 타국을 억지하지 못했든, 첫 번째 경우처럼 자기 자신을 억지하지 못했든 나라가 초토화되면 비참하기는 마찬가지입니다. 게다가 두 번째 경우는 그저 비참할 뿐이지만, 첫 번째 경우는 어리석음이 초래한 비참함이므로 이중의 비극인 셈입니다.

2004년 8월, 독일 드레스덴의 성모교회라는 아름다운 교회가 종전 후 60년 가까운 세월이 지나 마침내 복원이 추진된 사실을 전하는 다큐멘터리가 방송되었습니다(NHK 위성방송). 1945년 2월 연합군의 거센 공격에 폐허로 변한 도시입니다. 그날 독일군 포로로 드레스덴에 수용되어 있던 미국 작가 커트 보니것 주니어는 『제5도살장Slaughterhouse-Five』이라는 작품에서 "드레스덴은 하나의 거대한 화염으로 변했다. 살아 있는 것, 불타오르는 것 모두를 집어삼키는 화염이었다"라고 회상합니다. 그리고 폭격이 끝난 다음 날의 모습을 "드레스덴은 광물 외의 아무것도 아닌 달 같았다. 돌은 그저 뜨거울 뿐이었다. 주위 사람들은 한 사람도 남지 않고 모두 죽었다"라고 묘사합니다.

이렇게 되기 전, 세계대전 이전의 독일도 세계 유수의 '대비'를 하던 나라였습니다. 그것이 언제부터인가 '대비'가 아닌 타국을 위법적으로 공격하기 위한 도구로 변하여 결국은 지켜야 할 자국을 폐허로 만들었습니다. 대비가 더는 대비가 아니게 되고, 평화가 아닌 폐허를 가져온 예로서 달 표면처럼 보이는 드레스덴의 옛 영상은 지금도 강렬한 울림을 줍니다. 마찬가지로 군사 대국이었던 일본도 같은 운명을 걷게 됩니다. 드레스덴이 폐허로 변한 지 한 달 뒤에 도쿄가 대공습으로 비슷한 피해를 입고 반 년 뒤에는 히로시마와 나가사키가 핵무기로 폐허가 되었습니다. 국가 정책과 야망을 추구한 끝에 남겨진 폐허입니다. 이런 역사에서 배워야 할 교훈은 너무나 명백하지 않습니까.

　다만 이들 도시에 가해진 폭격의 경우 침략국이라 어쩔 수 없었다며 넘어가기는 어려운 면이 있습니다. 국제인도법으로 보호받아야 할 무고한 일반 시민에 대한 무차별 공격이었기 때문입니다. 상대국 국민의 전의를 꺾고자 군사적 목표가 아닌 도시나 사람들을 공격하는 폭격이라는 의미에서 '전략 폭격'이라고도 합니다. 일본도 중국의 충칭 등지에, 독일도 런던 등지에 전략 폭격을 했으니 서로 같은 일을 주고받은 셈이기는 하지만, 모두 국제법으로 정당화할 수 없는 행위라고 할 수 있습니다. 히로시마와 나가사키의 경우는 핵무기까지 사용하여 더욱 정당화할 수 없는 측면이 있습니다. 인류 사회에 여전히 씻을 수 없는 상처를 남긴 이 중대한 문제는 일곱 번째 이야기에서 다시 살펴보겠습니다.

2

전쟁이 일어나지
않으면 평화인가

: 구조적 폭력론 :

전쟁은 일어나지 않았지만 굶주리고 있다

..

이렇게 지금까지 인간은 평화를 위해 대비하고 평화를 위한
다는 구실로 전쟁을 시작하여, 그 전쟁이 어느새 그저 인간에
게서 평화를 빼앗는 전쟁으로 변하는 일을 종종 경험했습니다.
대비를 할 필요가 전혀 없다고는 할 수 없습니다. 하지만 평화
란 상대방이 존재하는 문제이며 타자와의 관계인 이상, 대비만
하면 평화롭게 지낼 수 있다는 단순한 문제가 아니라는 사실도
차츰 밝혀졌습니다.

그리고 평화에 대해 고찰하는 과정에서 다른 문제도 깨닫게
되었습니다. 즉, 전쟁만 일어나지 않으면 평화롭다고 할 수 있

느냐는 것입니다.

예를 들면, 많은 사람들이 극심한 빈곤에 시달리며 굶주림에 허덕이고 있는 사회는 평화로울까요? 인종과 성별에 따른 차별이 뿌리 깊게 남아 있어 여자아이의 취학률이 남자아이보다 현저히 낮은 사회는 평화로울까요? 또는 글을 읽지 못하여 사회에 적극적으로 참여할 수 없고 자신들이 불이익을 당하고 있다는 사실조차 모르는 사람들이 많은 사회는 평화로울까요? 이런 문제입니다.

1960년대가 저물 무렵 이런 문제들도 폭력이라고 불러야 한다고 주장하는 학자가 나타났습니다. 노르웨이의 요한 갈퉁이라는 사람입니다. 방금 살펴본 다양한 문제는 누군가가 누군가를 때리거나 죽인다는 의미의 폭력은 아니지만, 스스로 원하지 않은 불이익을 입는 사람들이 분명 존재하므로 이런 문제를 다른 형태의 폭력이라고 불러야 한다는 생각입니다. 그는 이런 종류의 '폭력'에 '구조적 폭력'이라는 이름을 붙였습니다. 이에 비해 사람을 때리거나 죽이는 종류의 폭력을 '직접적 폭력'이라고 합니다.

'구조적'이라는 표현이 조금 생소할 수도 있겠지만, 예를 들어보면 대체로 이런 의미입니다. 한 사회에 거액의 부를 차지하고 배불리 먹는 사람들이 있습니다. 그런 한편 아무리 일을 해도 충분한 수입을 얻지 못하거나 일자리도 찾지 못하여 충분한 식량조차 구하지 못하는 사람들이 있습니다. 본인들의 능력과 의욕의 문제가 아니라 부의 분배 구조가 적절하지 못한 결과라면, 또한 특정 인종이나 성별 때문에 반쯤 자동적으로 빈곤과 기아 상태에 내몰리고 있는 것이라면 이는 사회 **구조** 때문에 생겨나는 폭력이라고 할 수밖에 없지 않을까요. 부유한 사람들이 가난한 사람들을 때리고 굶주리게 하는 것이 아니라, 따라서 가해자를 특정할 수는 없지만 사회 구조의 피해자는 있다는 의미의 '폭력'이 아닐까요.

새로운 평화관

··

이런 구조적 폭력론은 이제까지의 평화론이 놓치고 있던 점을 부각시키고 새로운 지평을 열었습니다. 지금까지는 '전쟁이 일어나지 않는 것'을 곧 '평화'라고 보았지만, 전쟁이 일어나지 않아도 '평화롭지 않은 상태'는 있다는 관점을 이론적으로 정리한 것이기 때문입니다. 그 이면에는 평화는 무엇보다 사회 정의의 문제라는 문제 의식이 있습니다. 인간이 자신의 책임이 아닌 일로 차별받고 배제당하며 슬퍼하고 상처받는다면 평화롭다고는 할 수 없지 않느냐는 문제 의식입니다.

평화 연구가 다룰 과제의 범위가 단번에 넓어졌습니다. 기존에는 전쟁, 무력분쟁, 군비확장이 주제였던(적어도 그렇게 믿었던) 것에 비해, 빈곤, 개발, 인권, 평등 같은 이를테면 **비**군사적인 사회 문제로 관심이 확대된 것입니다. 지금도 평화 연구라고

하면 전쟁이나 군비확장 문제를 연구한다고 생각하는 분이 적지 않지만, 결코 그렇지 않습니다. 다른 여러 문제에도 관심이 높으며 그중에는 젠더나 환경 같은 오늘날의 문제도 있습니다. 그저 '연구 대상의 폭이 넓어졌다'는 이야기만은 아닙니다. 폭력의 의미가 달라지고 평화의 의미가 달라졌기에 그런 문제들이 필연적으로 평화 연구의 대상이 되었다는 것입니다.

전쟁을 비롯한 직접적 폭력이 없는 상태를 '소극적 평화'라고 합니다. '소극적'이라고 해도 '겨우 이 정도' 같은 나쁜 의미는 아닙니다. 지금까지 존재했던 것(이 경우에는 전쟁)이 존재하지 않게 되었다, 혹은 소멸했다는 의미에서 '소극적'입니다. 이에 비해 구조적 폭력이 사라진 상태를 '적극적 평화'라고 합니다. 지금까지 존재하지 않았던 것, 가령 사회적 평등이 존재하게 되었다는 의미의 '적극적'입니다.

3

인간 안보

애초에 '안보'란 무엇인가

..

평화의 의미가 이렇게 확장되면 "평화를 원한다면 전쟁에 대비하라"라는 격언과 관련하여 또 다른 문제가 드러납니다. **비**군사적인 문제라면 그런 문제들은 무력으로는 실현할 수 없는 '평화'가 아니냐는 것입니다. 문제라기보다는 인식이라는 말이 더 맞을지도 모르겠습니다.

현실은 정말 그렇습니다. 무력을 강화해도 빈곤 해결에는 거의 도움이 되지 않습니다. 차별받는 사람들의 인권을 보장하는 데에도 무력이 반드시 필요하다고는 할 수 없습니다. 5세 미만 아동이 어쩔 도리 없이 죽어가는 것을 막는 일도, 식자율을 높이는 일도 모두 마찬가지입니다.

그렇다면 다시 정의해야 할 것이 또 하나 있습니다. 애초에 안보란 무엇이냐는 문제입니다. 안보라는 말을 들으면 우리는 보통 외적의 공격에서 몸을 지키는 일을 떠올리지만, 인간의 안전을 위협하는 요인은 사실 더욱 가까운 곳에 있고, 그런 요인을 없애는 것이 안보의 절실한 의미라고 생각할 수도 있을 것입니다. 예를 들면 일자리를 잃지 않는 것, 교육을 제대로 받는 것, 최소한의 위생 상태를 확보하는 것 등입니다.

그리고 1990년대에 이런 발상에 따른 안보관이 실제로 유엔 기관에서 탄생했습니다. 바로 '인간 안보(Human Security)'라는 개념입니다.

개념 자체는 완전히 새로운 것은 아니었습니다. 평화 연구계에서 1970년대부터 논의된 '사회 방위'라는 개념이 내용면에서 인간 안보에 가깝습니다. 이른바 '국방'을 '영역 방위'라고 부르면서, 그것은 영토와 국가 중추를 방위하는 것이지 영역 안에 있는 주인공(즉 인간들)을 방위하는 것은 아니라고 비판하는 개념이었습니다. 진정한 방위란 '사회=인간의 생명과 생활을 지키는 것'이 아니냐는 것이지요. 이렇게 연구계에서 나온 주장이 유엔 시스템 속에 등장하면서 많은 사람들이 그 중요성을 다시금 깨닫게 되었습니다.

가정과 직업의 안정

..

인간 안보라는 개념은 유엔의 다양한 기관에서 사용하고 있지만, 체계적으로 제시된 것은 유엔개발계획(UNDP)이 편찬한 「인간개발보고서」 1994년판에서입니다. "오늘날 사람들이 '안전하지 않다'고 느끼는 더 큰 원인은 세계의 파멸에 대한 공포감보다는 일상생활에 관련된 불안감이다"라는 생각에서 시작된 것이었습니다. 일상생활에 관련된 불안감이란 직업, 수입, 건강이 안정적인가, 환경은 안전한가, 범죄는 많지 않은가 같은 일들에 관한 것입니다.

유엔개발계획의 이런 발상에 직접적으로 힌트가 된 것은 유엔 창설이 결정된 1945년 샌프란시스코 회의에서 미국 대표단을 이끈 에드워드 스테티니어스 국무장관의 말이었습니다. 그는 정부에 보낸 보고서에서 결핍으로부터의 지유기 평화를 위해 반드시 필요하다고 한 뒤에 이렇게 말합니다. "만약 사람들이 가정과 직업의 안정, 안전을 확보하지 못한다면, 유엔 헌장에 어떤 조문을 넣든 안보리는 전쟁 없는 세계를 만들 수 없다."

물론 이는 이것이냐 저것이냐 양자택일할 수 있는 문제가 아닙니다. 안보를 논할 때 군사적 안보나 국방 같은 '큰 이야기'만으로 한정하여 생각하면, 한 사람 한 사람의 인간에게 적합한 안전을 간과할 우려가 있다는 점이 중요합니다. 스테티니어스는 이 점을 잘 이해하고 있었을 것입니다.

이렇게 유엔개발계획은 새로운 안보 개념을 제시했습니다. 이는 아동이 5세 미만에 사망하지 않는 것, 질병이 만연하지 않는 것, 직업을 잃지 않는 것이며, 민족 간의 긴장이 폭력으로 발전하지 않는 것, 무기뿐 아니라 인간의 존엄에 관심을 가지는 것입니다. 바꿔 말하면, 영토에 편중된 안보에서 인간을 중시한 안보로 전환한 것이며, 군비에 의한 안보에서 '인간 개발 중시'의 안보로 전환한 것입니다. '인간 개발'도 유엔개발계획이 만든 개념으로, 국가의 국민총생산(GNP)을 늘리는 것보다 사람들에게 건강, 교육, 식량을 널리 보급하는 일을 주된 목표로 삼는 '개발'입니다.

서로 관련된 두 '안보'

..

거듭 말하면, 기존의 군사적 안보와 이 새로운 안보는 양자택일의 관계가 아니라 저마다 중요성이 있습니다. 예를 들면 자국이 습격을 당하든 그렇지 않든 안이하게 전쟁에 의존하는 나라가 줄지 않는다면 이는 세계 안보의 문제이며, 유아 사망률을 낮추는 문제와는 별개로 대처해야 합니다. 국제 테러리즘 대책도 빈곤 문제와 관계가 없지는 않지만 독립적인 문제로 다루어 힘쓸 필요가 있겠지요. 이런 의미에서, 인간 안보를 위한 노력을 강화한다고 해서 자동적으로 기존 안보의 문제가 모두 해결된다고는 볼 수 없습니다.

동시에 이 두 가지 안보 문제는 서로 관련되어 있기도 합니다. 쉬운 예로 인간 안보를 위한 재원 확보를 들 수 있습니다. 유엔개발계획이 이 개념을 제시한 1994년 시점에서 모든 사람들이 기초 교육을 받게 하고 식자율을 높이기 위해 필요한 추가 지출은 1년에 50억에서 60억 달러, 5세 미만 아동의 사망률을 크게 줄이기 위한 추가 지출은 50억에서 70억 달러로 추산되었습니다. 이 액수는 당시에도 확보하지 못했고, 10여 년이 흐른 뒤에도 여전히 확보하지 못했습니다. 하지만 그해 세계의 군사 지출은 약 8000억 달러였습니다.* 그중 몇 퍼센트만이라도 줄여 인간 개발에 쓴다면 비용 확보는 어렵지 않을 것이라고 유엔개발계획은 호소합니다.

세계에서 약 8억 명이 굶주리고 있고, 12억 명이 위생적인 물을 확보하지 못하며, 매년 아동 1200만 명이 5세 미만에 사망하고, 성인 8억 5000만 명이 글자를 읽지 못하는 상태라는 점을 감안하면,** 유엔개발계획의 호소는 결코 터무니없는 비현실적

---

* 스웨덴의 스톡홀름 국제평화연구소(SIPRI)의 보고서 *Trends in World Military Expenditure*(2017)에 따르면, 2017년 세계의 군사비 지출은 1조 7390억 달러이다. 미국이 전 세계 군사비 중 3분의 1(6100억 달러)을 지출했으며, 중국(2280억 달러)이 그 다음을 차지했다. 이어 3~10위 나라별 군사비 규모는 사우디아라비아, 러시아, 인도, 프랑스, 영국, 일본, 독일, 한국 순으로 나타났다(역자 주).

** 유엔개발계획 홈페이지(www.undp.org)에 따르면, 2014년 시점에서 7억 9500만 명이 만성적 영양 부족 상태이며, 매년 600만 명 이상의 아동들이 5세 미만에 사망한다. WHO, 유니세프가 2017년에 펴낸 보고서에 따르면 전 세계 21억 명에 이르는 사람들이 오염된 물로 생활하고 있다(역자 주).

인 이야기라고는 할 수 없습니다. 평화란 인간이 인간답게 사는 것이며, 누구나 태어나면서부터 가지는 권리를 침해받지 않는 것이라는 인간 안보의 개념은 인간의 평화관을 근본적으로 전환시키는 것이 아닐까요.

4

평화와 인권

마틴 루서 킹 목사의 이념

··

평화에 대해 살펴보고, 안보에 대해 살펴보면서 어느새 인간의 권리(인권)로 이야기가 흘러갔습니다. 하지만 어쩌다 보니 탈선한 것도, 의식적으로 이야기를 다른 쪽으로 돌린 것도 아닙니다. 평화란 원래 인간의 권리에 관한 문제라는 생각이 염두에 있었기 때문입니다.

이와 관련하여 떠오르는 인물은 미국의 마틴 루서 킹 목사입니다. 흑인(아프리카계 미국인)의 인권 보장 운동, 이른바 공민권 운동에 생애를 바치고, 박해와 협박을 견디며 비폭력주의를 관철하여 1964년에 노벨 평화상을 받았습니다. 안타깝게도 1968

년에 암살당한 인물로, 그가 베트남 반전 운동의 지도자이기도 했다는 사실은 잘 알려져 있습니다.

베트남 전쟁 반대를 표명하자 킹 목사는 거센 비난을 받았습니다. 사람들의 다양한 의견 중에는 이런 의견도 있었다고 합니다. "평화와 공민권은 별개의 문제입니다. 당신은 공민권 운동을 지지하는 사람들이 믿는 대의를 훼손하고 있는 게 아닙니까?" 이 말을 듣고 킹 목사는 1967년 설교에서 "슬픔에서 헤어나기가 힘들었다"라고 말했습니다. 그의 생각에 아프리카계 미국인의 인권 보장을 부르짖는 것과 베트남의 평화를 부르짖는 것은 완전히 동일선상에 있었습니다. 어떤 의미에서 그랬을까요?

킹 목사는 우선 같은 미국인이라도 유독 빈곤층이 전쟁에 끌려간다는 점, 전쟁 비용이 불어나 국내의 빈곤 대책이 방치되고 있다는 점의 부당함을 호소했습니다. 말하자면 "전쟁은 빈곤의 적"이라는 것입니다.

그뿐 아니라 전쟁은 베트남에서도 사람들의 생활 기반을 뿌리째 파괴하고 있다고 킹 목사는 지적했습니다. 그들의 식수를 오염시키고, 100만 에이커에 이르는 경작지를 불태우고, 수많은 전쟁 고아를 낳고, 미국이 그들의 진짜 적이 되어버렸다는 것입니다. "어떻게든 이 광기에 찬 사태를 멈추게 해야 한다"라고 그는 호소했습니다.

전쟁이 국내외에서 거대한 인권 침해 장치 같은 역할을 했던 것은 이때가 처음은 아니었습니다. 하지만 나무 블록을 쌓아올리는 것처럼 위태로운 성과를 조금씩 쌓아가는 인권 운동에 참여해온 사람이기에, 그런 성과가 모두 무너지는 사태에는 특히 민감했겠지요. 인권을 위해 싸우는 일과 비참한 전쟁에 반대하는 일은 그의 정신 세계 속에서 아주 자연스럽게 연결되었던 것입니다.

평화라는 인권
..

'평화'와 '안보'가 다양한 인권 문제로 확장되는 것도 그 때문입니다. 전쟁이 종종 인권을 파괴한다면, 평화는 인권을 옹호하고 실현하는 것이어야 하기 때문입니다.

그렇다면 평화 그 자체가 하나의 인권이라고 할 수 있지 않을까요? 물론 '그렇다'고 답하고 싶지만, 실은 보기보다 간단한 문제가 아닙니다. 여기서 말하는 권리는 '평화적 생존권' 혹은 '평화롭게 살 권리'이며 **국내법**으로는 인정되는 예도 적지 않지만, 전쟁과 깊은 관련이 있어 정작 중요한 **국제법**의 세계에서는 아직 모호한 상태입니다. 많은 나라가 가입한 조약(다자간조약)에서 이 권리가 언급된 적은 아직 없습니다. 1980년대에 유엔 총회 결의에서 그런 권리가 있다고 몇 번 선언했지만, 구체적으로 어떤 내용의 권리인지 정해지지도 않았고 애매하게 남아 있는 채로 오늘날에 이르렀습니다.

제2차 세계대전이 끝난 뒤 국제법의 세계에 '평화에 대한 범죄'가 도입되어 확립되었습니다. 평화를 파괴하는 것이 죄라면 평화를 유지하는 것은 사람들의 권리라고 생각해야 논리적입니다. 하지만 이 후반 부분만은 여전히 국제법 세계에 자리 잡지 못했습니다. 누가 권리를 향유하는가, 그 권리에 대응하여 누가 어떤 의무를 지는가, 권리가 침해받았을 경우에 어떻게 대처해야 하는가 등은 분명 기술적으로 복잡한 문제이지만, 좀 더 사람들의 입장에서 국제법의 규칙을 명확히 하기 위한 노력만큼은 할 필요가 있을 것입니다.

이 문제는 여섯 번째 이야기에서 다시 생각해봅시다.

평화가 죽을 때

··

평화라는 말은 나쁘게 말하면 다의적이고, 좋게 말하면 내용이 풍부하여 사람마다 이미지도 정의도 다르고 실현 방법에 대한 의견도 종종 크게 갈립니다. 하지만 평화가 단지 국가 간의 문제만이 아닌 인간의 권리에 관한 문제라는 점, 그중에는 이유 없이 죽임을 당하거나 학대당해서는 안 된다는 '훼손 불가능한 권리'가 있다는 점은 세계의 많은 사람들이 더 잘 인식하게 되었습니다.

이는 국가가 국제적으로 죄를 범했다고 판정되어 제재를 받는 경우도 마찬가지로, 이런 나라의 국민이라면 일망타진되어 고통을 겪어도 상관없다는 사고방식은 점차 바로잡히고 있습니다. 예를 들면 걸프 전쟁 이후의 이라크, 무력분쟁이 계속되던 무렵의 유고슬라비아(현재는 세르비아-몬테네그로*)에 안보리 결의에 의거하여 제재가 가해졌지만, 그 과정에서 제재가 약자에게 더 큰 타격을 주는 현실을 국제사회는 다시 검토하기 시작했습니다. 의약품과 식료품에 관해서는 제재를 완화하는 경향도 보입니다. **국가**가 잘못했더라도 그에 대한 벌 때문에 **국민**의 가장 기본적인 권리까지 빼앗겨서는 안 된다는 의식이 여기에도 반영되었다고 할 수 있습니다.

그런 의미에서라면 '평화'의 의미는 어딘가 한 점에 수렴되는 부분이 있지 않을까요. 그것도 자신의 평화가 심각히 침해받았을 때 비로소 깨닫게 되는 점입니다.

제2차 세계대전 당시, 『어린 왕자*Le Petit Prince*』로 유명한 프랑스 자가 생텍쥐페리는 자국이 독일에 짓밟히고 있을 때 공군 파일럿으로서 임무를 수행하고 있었습니다. 그 경험을 『전시 조종사*Pilot de Guerre*』라는 작품에 담았는데, 내용 중에 그가 불현듯 평화란 무엇인지 깨닫는 장면이 있습니다. 평화는 인간의 일상성을 확보하는 것이며, 따라서 권리의 문제라는 점을 알리는 인상적인 대목을 인용하면서 네 번째 이야기를 마치겠습니다.

* 2006년 6월에 세르비아와 몬테네그로로 분리되었다(역자 주).

"평화는 온갖 일들을 그 안에 담고 있다. 해 질 무렵이면 마을 사람들은 집으로 돌아온다. 낟알은 헛간 속에 다시 넣어둔다. 잘 접은 리넨 천은 장롱 안에 넣는다. 평화로운 시절에는 무엇이 어디에 있는지 늘 알고 있다. 어디에 가야 친구를 만날 수 있을지도 안다. 밤에 어디에 가서 자야 할지도 안다. 하지만 이런 기반이 무너질 때, 세상에서 자신의 머물 곳이 사라질 때, 어디에 가야 사랑하는 사람과 만날 수 있을지 알 수 없게 될 때, 바다에 나갔던 남편이 돌아오지 않을 때, 평화는 죽는다."

인도적 개입

정의로운 무력행사는 존재하는가

©UN

1999년 4월 정든 고향을 떠나는 코소보 피난민들.

1

인권과
인도의 시대에

인권을 위한 무력행사?

20세기는 인권의 세기였다고들 합니다. 이 세기에 인권에 대한 의식이 국제사회에서 급속히 높아졌기 때문입니다. 특히 제2차 세계대전 후에 현저히 높아져 그때까지는 몇 개에 불과했던 인권 보장에 관한 국제조약도 종전 뒤 잇따라 탄생했습니다. 국제인권규약, 인종차별철폐협약, 고문방지협약, 여성차별철폐협약 등 수많은 인권 조약이 있습니다. 또한 유엔의 인권위원회를 비롯하여 유럽인권재판소 등 인권 보장을 위한 다양한 국제제도가 마련되었습니다.

인권의 세기는 인도(人道)의 세기이기도 했습니다. 앞에서도 말했듯이 이 세기에는 인도법과 인도법 재판도 크게 발전했습니다. 이는 단순한 우연이 아닙니다. 인권, 특히 인간의 존엄과 살아갈 권리가 얼마나 소중한지 국제적으로 인정되어, 그 권리를 위협하는 행위는 설령 한창 무력분쟁 중이더라도 용납할 수 없다는 경향이 강해진 것입니다. 이 경향은 앞으로 더욱 강해졌으면 강해졌지 퇴보할 일은 아마도 없겠지요.

하지만 여기서 어려운 문제가 하나 생깁니다.

세 번째 이야기에서는 국제인도법을 다루고, 네 번째 이야기에서는 '평화는 인권의 문제'라는 관점을 살펴봤습니다. 문제는 여기서 파생됩니다. 즉, 만약 평화가 인권을 존중하고 옹호하는 것이라면, 제노사이드처럼 인권을 심각하게 침해하는 일은 어떤 수단을 써서라도 막아야 하지 않을까요? 어떤 희생을 치러서라도, 무력을 행사해서라도 박해받는 사람들을 구해야 하지 않을까요? 그것이야말로 세계의 평화가 아닐까요?

이는 어려운 문제입니다. 평화란 전쟁을 하지 않는 것인지, 인권을 위해서는 전쟁도 불사하는 것인지 근원적인 선택을 해야 하는 문제이기 때문입니다.

이 문제를 사람들이 본격적으로 의식하기 시작한 것은 20세기가 끝날 무렵이었습니다. 구 유고슬라비아가 해체되면서 수립된 나라인 신 유고슬라비아(현재 세르비아, 몬테네그로)를 1999년, 국내 민족 간의 박해를 이유로 NATO(북대서양조약기구) 국가들이 공습했을 때였습니다. 박해 장소는 신 유고의 코소보 자치주*, 박해했다고 간주된 것은 세르비아계 주민, 박해의 대상은 알바니아계 주민이었습니다.

격렬해진 논의

··

코소보뿐 아니라 멀리 떨어진 신 유고의 수도 베오그라드에도 거센 폭격이 가해졌습니다. NATO군은 78일 동안 무려 1만 7000번 폭격했다고 알려져 있습니다. 국제인도법으로 보호받아야 할 민간인도 종종 폭격을 당했습니다. NATO는 그때마다 "잘못 폭격했다"라고 설명했습니다.

일본에서는 별로 그렇지 않았지만, 당시 서구를 중심으로 공습이 옳은지 그른지를 두고 활발한 논의가 이루어졌습니다. 어느 나라에서 한 민족이 심하게 박해받고 있을 때, 다른 나라들은 그 민족을 구하기 위해서 무력을 행사해도 되는가? 이것이 바로 '인도적 개입'의 문제입니다.

박해받는 사람들을 구하기 위한 무력행사에 관해 그렇게까지 의견이 갈릴지 의아하게 여길 분도 있을지 모르겠습니다. 하지만 사실 의견이 크게 갈려도 이상하지 않을 만큼 복잡한 문제입니다.

---

* 코소보는 2008년 2월 17일 독립을 선언했으나, 세르비아는 인정하지 않은 상태이다 (역자 주).

많은 사람이 박해받고 있다면 그들을 구해야 한다는 점에는 의견이 일치할 수 있습니다. 하지만 정말 박해를 받는지 언제나 확실하다고는 할 수 없습니다. 누가 박해를 했고 누가 박해받는지 명료하지 않은 경우도 있습니다. 명료해졌다 해도 어떤 구제 방법이 가장 적절한지를 생각해야 합니다. 무력행사가 가장 적절할 것 같은 경우에도 누가 그렇게 판정하고 누가 실행하느냐는 문제가 남습니다. 이 정도만으로도 충분히 복잡하지 않을까요?

주저하는 이유

..

이 문제에 관해서는 다른 책(『인도적 개입人道的介入』, 2001)에서술했으니 자세한 내용은 그 책을 읽어보시면 되지만, '복잡함'의 근원만큼은 간단히 살펴봅시다.

어째서 많은 사람들이 '정말 그렇다면 방치할 수 없는 문제'로 보면서도 '하지만 자유롭게 무력을 행사해도 된다고는 할 수 없다'고 생각해온 것일까요? 첫 번째로, 역사적으로 '인도적 개입'이라고 불린 무력행사는 종종 근거(박해가 이루어졌다는 사실)가 없었거나, 박해도 이루어졌고 사람들을 구해야 한다는 동기도 있지만 또 다른 동기도 있는 경우가 대부분이었기 때문입니다. 전자는 근거가 없는 경우, 후자는 동기가 순수하지 않은 경우입니다.

전자의 예로는 1938년 체코슬로바키아 수데텐 지방의 독일계 주민을 무력을 사용해서라도 보호하겠다고 주장했던 나치 독일의 행위를 들 수 있습니다. 다만 당시에는 무력을 행사할 것도 없이 수데텐이 할양되었기 때문에 '인도적인 구호를 구실로 한 무력행사의 **위협**' 혹은 '인도적 개입의 **미수**'에 그친 사례입니다. 한편 후자의 예로는 인도가 파키스탄에 무력개입(1971)한 경우, 베트남이 캄보디아에 무력개입(1978)한 경우가 있습니다. 모두 실제로 박해당한 사람들이 있었으므로 개입의 정통성을 인정하는 의견도 많지만, 인도도 베트남도 저마다 개입 상대에 대한 지배를 확립하려는 등 **다른** 정치적 의도도 있었던 것으로 보입니다. '날조된' 경우보다는 낫긴 하지만, 동기에 불순물이 섞여 있는 경우에 그 불순물을 묵인하고 '인도적' 개입**이기도** 하다고 인정해야 할까요? 아니면 순전히 '인도적'이어야 한다고 요구해야 할까요? 어려운 문제입니다.

사람들이 주저하는 두 번째 이유는 현대 국제법에서 '무력을 행사하면 안 된다'는 규범이 가지는 무게 때문입니다. 분명 박해받는 사람들은 구해야 하지만, 국제사회(가령 유엔)의 승인을 얻는다면 몰라도 개별 국가들의 독단적 무력행사를 용납하는 것은 문제라고 보는 사람들이 적지 않습니다. 그리고 국제사회가 개별 국가들의 무력행사를 어떻게 규제할지 오랫동안 고심해왔다는 점을 감안하면, 이렇게 우려할 만한 이유가 있다고 볼 수 있습니다.

2

죄책감과
공습 지지

반전파의 지지

..

코소보에 관련된 유고 폭격에 사람들은 엇갈린 의견을 내놓았지만, 평소 무력행사에 비판적이었던 지식인 중에 이 공습을 인정하는 사람이 적잖이 있었다는 사실이 눈에 띕니다. 베트남 전쟁을 날카롭게 비판한 논지를 펼쳤고 이후 이라크 전쟁에 규탄의 목소리를 높였던 미국의 평론가 수전 손택(2004년 12월 사망)이 그중 한 사람입니다.

수전 손택은 NATO의 세르비아 폭격을 지지하는 이유를 이렇게 말했습니다. 독재자로 알려진 세르비아 대통령 슬로보단 밀로셰비치의 제노사이드를 멈추게 해야 하며, 그러려면 전쟁이라는 수단밖에 없기 때문이라는 것입니다. 수전 손택은 어쨌든 전쟁은 범죄이고 전쟁을 없애는 것은 문명이 낳은 가장 숭고한 소원이라는 사실에 변함은 없다고도 말했습니다. 그럼에도 이 전쟁은 지지하는데, 왜냐면 제노사이드가 벌어지고 있으며 더 이상 또 다른 아우슈비츠를 만들어서는 안 되기 때문이라는 논리였습니다.

그 밖에 독일의 저명한 정치철학자이자 수전 손택처럼 이라크 전쟁을 엄중히 비판한 위르겐 하버마스도 "사람이 짐승 같은 자국 정부의 변덕스러운 학정에 시달릴 때, 다른 나라들은 세계 시민 사회의 일원으로서 희생자들을 지킬 의무가 있다"라는 취지의 논지를 펼치며 한창 코소보 공습이 진행 중일 때 지지를 표명했습니다.

왜 평소에는 무력행사에 비판적이었던 사람들까지 코소보를 둘러싼 유고 무력개입에 열의를 보인 것일까요. 물론 그 출발점은 제2차 세계대전 중 제노사이드가 있었고 종전 후 인권과 인도에 대한 관심이 높아졌다는 점입니다. 더불어 1992년 이후 구 유고 지역에서 계속된 끔찍한 무력분쟁에 대한 감정적인 반응도 있었습니다. 혹은 '죄책감'이라고도 할 수 있겠지요.

민족 정화

..

구 유고 분쟁, 특히 보스니아-헤르체고비나 분쟁에서는 '민족 정화'라는 이름으로 적 민족을 말살하려는 행위가—아마도 각 민족에 의해—저질러졌습니다. 실태를 정확히 알기 어려운 사례도 적지 않지만, 몇 가지는 실제로 있었던 일이라고 밝혀졌습니다. 유고판 제노사이드라고 해도 되겠지요. 당시 효과적인 수단을 취하지 못했는데, 코소보 사태까지 그냥 넘어갈 수는 없다는 인식이 서구에 널리 확산되어 있던 무렵이었습니다.

특히 죄책감과 관련해서는 유고 폭격 4년 전에 보스니아-헤르체고비나에서 일어난 스레브레니차 학살이라는 비극이 복선으로 작용한 듯합니다. 세 번째 이야기에서도 잠시 살펴봤듯이, 1995년 스레브레니차에서 세르비아 인 세력이 무슬림들에게 무차별 공격을 시작하여 8000명 가까운 사람이 학살되었다고 추정되는 사건입니다. 유엔 평화유지군의 네덜란드 군 부대가 주둔하고 있었음에도 주민들을 지키지 못했던 비극적인 일이었습니다. 전모는 사건에 관한 유엔 사무총장 보고 내용이 정리된 1999년에 밝혀졌지만, 사건 직후에 전해진 대강의 내용만으로도 충분히 충격적이었습니다.

이 사건이 복선으로 작용하여, 코소보에서 일어난 '민족 정화' 같은 몇 가지 사건도 전해져 NATO가 공습을 시작했습니다. 이 폭격 자체는 몇몇 사람들이 강력히 변호했지만, 이 사건을 계기로 **일반적으로** 인도적 개입이 옳은 행위 혹은 법적으로 인정되는 행위로 확립되었다고는 볼 수 없습니다. 이 공습에도 기존의 의구심을 씻을 수 없는 약점이 있기 때문이지요. 여기서는 그중 주요한 점을 두 가지만 들어보겠습니다.

무력행사의 정통성과 합법성
..

첫 번째, 개입 방법이 문제시되었습니다. 현장에서 알바니아계 주민을 구하기보다는 세르비아 인 권력의 본거지인 베오그라드를 공습하는 데 역점을 두었다는 점, 그 공격이 종종 무차별 폭격과도 비슷해졌다는 점 등입니다. 수전 손택도 무력행사의 **동기**는 인정했지만 "자신들의 군대를 위험에 노출시키지 않고 지상에 있는 시민들에게 엄청난 손해를 입히는 방식에는 찬성할 수 없다"라며 **방법**에는 의문을 제기했습니다. 첫 번째 이야기에서 소개한 영국의 메리 캘도어도 폭격을 지지했지만, "인도적 개입이라면 우선 지상 병력을 보내 민간인을 보호해야 하는데, 알바니아계 주민보다 NATO 병사의 생명 보호를 우선시했다. 이런 방식에는 찬성할 수 없다"라고 했습니다.

박해받는 사람들을 지킬 것인가, 아니면 박해하는 사람들을 타도할 것인가. 두 문제는 언제나 동일하다고는 할 수 없습니다. 행위의 결과가 오직 후자일 뿐이라면 무력행사의 정통성은 크게 훼손되겠지요.

두 번째, 행위의 합법성이 마지막까지 문제시되었습니다. 국가들의 개별적인 무력행사는 자위권의 경우를 제외하고 금지됩니다. 이를 합법적으로 만들기 위해서는 적어도 안보리 결의가 필요합니다. 하지만 유고 공습은 러시아가 거부권을 행사할지 모른다는 이유 등으로 안보리 결의를 얻지 못한 채 실시되었습니다.

그럼에도 합법적일 수 있으려면, 인도적 목적의 무력행사는 안보리 결의가 없어도 **그 자체가** 합법이라고 말하는 수밖에 없습니다. 즉 유엔 헌장이 금지하지 않은 무력행사이며, 국가들이 자유롭게 판단해서 행사해도 된다고 주장하는 것입니다. 실제로 그런 주장도 있었습니다. 위르겐 하버마스도 그렇게 생각했던 모양으로, 안보리 결의 없는 무력행사라며 비판하는 사람들에게 형식적인 절차에 집착한다고 맞받아쳤습니다. 다만 하버마스의 이런 견해는 그 뒤에 약간 바뀌었습니다. 어떻게 바뀌었는지는 뒤에서 살펴보겠습니다.

'새로운' 국제법규

그 자체가 합법적인 무력행사라는 생각은 말하자면 국제법에 **새로운 규칙**을 도입함을 의미합니다. 하지만 이 생각은 많은 국제법 전문가들의 지지를 얻은 것 같지는 않습니다. 모든 국제법 전문가가 형식적 절차를 중시하여 무력행사에 반대한다고 볼 수는 없지만, 이 '새로운 규칙의 도입'이 무력행사 금지라는 근본 원칙과 관련이 있기 때문에 전문가들은 신중해질 수밖에 없습니다.

다만 NATO의 무력행사가 위법이며 허용할 수 없다는 단순 명쾌한 결론에 모든 사람이 동의했는가 하면 그렇지는 않습니다. 많은 사람들이 박해받고 학살당하면 그들을 구해야 한다는 점에는 대다수 사람들의 의견이 일치합니다. 하지만 어떤 수단으로 누가 구해야 하느냐는 문제에 관해서는 그렇게 쉽게 일치하지 않습니다. 참으로 복잡하다고 생각하시는 분도 있겠지요. 하지만 안이하게 무력행사의 구실을 인정하면 남용하는 나라가 나타날 가능성이 늘 있으니 복잡해도 하나씩 순서를 거칠 수밖에 없습니다.

이 문제에 관해서는 전문가도 갈피를 잡지 못하고 있습니다. 인간의 생명을 구한다는 목적, (말하자면 유엔 헌장 체제의 근본 규범인) 무력행사 금지 규범을 유지한다는 목적 두 가지를 모두 놓칠 수 없기 때문입니다. 이런 어려움을 상징하듯이, 무력행사는 "위법이지만 정통적(illegal but legitimate)"이었다고 고육지책으로 결론을 기재한 보고서도 있습니다. 안보리 결의에 근거하지 않는다는 점에서는 위법이지만 코소보의 절박한 상황을 생각하면 이런 조치는 어쩔 수 없이 필요했다는 의미입니다.

이렇게 인도적 목적을 위해 국가들이 안보리 결의 없이 무력을 행사한다는 의미의 '인도적 개입'은 국제법상의 지위를 확립했다고는 보기 어려운 단계에 머물러 있습니다.* 그렇다면 박해

---

* 인도적 개입에 대한 비판이 불거지며 보호 책임(R2P: responsible to protect)이라는

받는 사람들을 어떻게 구해야 할까요. 우리에게 남겨진 이 문제를 계속해서 생각해봐야 합니다.

새로운 개념이 대두되었다. 보호 책임의 개념은 2001년 개입과 국가주권에 관한 국제위원회(ICISS)가 발표한 보고서에 처음 등장했으며, 2005년 유엔 세계정상회의에서 채택되었다. R2P는 특정 국가가 반인도적 범죄, 제노사이드 등을 저지르거나, 그런 범죄로부터 자국민을 보호해야 할 책임을 다하지 못할 때 국제 사회가 이들을 보호할 책임이 있다는 개념이다. 군사 개입은 최후의 수단으로 고려되는 요소로, 6가지 전제조건이 따른다. 1. 정당한 권위(예: 유엔 안보리의 승인), 2. 정당한 명분, 3. 정당한 의도, 4. 최후의 수단, 5. 비례적 수단, 6. 합리적 전망. 유엔 안보리는 2011년 R2P 개념을 처음으로 적용해 리비아 사태에 대한 군사 개입을 만장일치로 채택한 바 있다. R2P 개념은 자국민의 인권 보호, 국제 사회의 책임을 강조한 원칙이라는 점에서 의의를 가진다. 그러나 타국의 주권을 침해할 소지가 있다는 점, 유엔 안보리 상임이사국 5개국의 결정권에 크게 좌우된다는 점 등을 들어 R2P를 인도적 군사 개입의 다른 이름이라고 비판하는 이들도 있다(역자 주).

3

소강상태
시기에 생각한다

자의적이지 않은가
..

구 유고에서 벌어진 무력분쟁은 수습되었습니다. 예전에는 하나였던 나라가 슬로베니아, 크로아티아, 마케도니아, 보스니아-헤르체고비나, 몬테네그로, 세르비아 등 여러 나라로 나뉘었지만, 처참하게 서로를 죽이는 일만큼은 그만두게 되었습니다. 그러나 저마다 불안정하고 어려운 상황이 계속되었는데, 그런 모습을 보면 겨우 이런 결과를 낳으려고 그토록 비참한 전쟁이 일어나야 했나 싶어 석연치 않은 기분에 사로잡힙니다.

한편, 인도적 개입이 옳은지 여부를 이런 소강상태 시기에 다시 생각해볼 필요가 있습니다. 문제가 아주 심각해진 뒤에는 상황에 휩쓸려 이것도 저것도 어쩔 수 없다고 결론짓기 십상이기 때문입니다.

코소보를 이유로 유고를 공격했던 일을 두고, 폭격을 옳다고 인정할 수는 있다 해도 그것 때문에 '인도적 개입'이 일반적으로 합법화된 것은 아니라는 이야기를 앞서 설명했습니다. 한편 폭격 자체를 인정할 수 없다며 지지하지 않는 의견도 적잖이 있었습니다. 왜 지지하지 않았는지 그 이유를 여기에서 정리해 볼 필요가 있겠지요. 지지하느냐 지지하지 않느냐를 둘러싼 정치적인 논의가 아닌, 다음과 같은 요소가 있는 한 '인도적 개입'은 정통화하기도 합법화하기도 어렵다는 기준이 있었기 때문에 지지하지 않았던 것입니다.

첫 번째, 이런 공격이 **자의적**이지 않았느냐는 문제입니다. 즉, 일부 나라가 제멋대로 판단하여 자신들의 상황에 따라 개입하는 것은 아닌가라는 우려를 씻을 수 없었습니다. 다시 말해, 비슷한 비인도적 상황이 발생했을 때 과연 언제 어디에서나 군사개입을 하는가? 혹시 어떤 곳에서는 하고 어떤 곳에서는 하지 않는 경우가 있지는 않을까?

이는 매우 현실적인 문제점입니다. 르완다 PKO에서 고립된 달레어 사령관은 "국제사회는 전체적으로 인종주의다"라고 했습니다. "같은 제노사이드여도 유고처럼 유럽이면 힘을 쏟는데, 아프리카의 르완다 같은 곳은 거들떠보지도 않는다"라고 한 것입니다. 또 그는 미국이 르완다 PKO에 협력하는 데 소극적이었던 점을 들어 "석유가 나는 이라크에는 대군을 보내면서……"라고 불만을 드러냈습니다. 이것이 국제사회의 현실입니다. 몇몇 힘 있는 국가에만 의존하는 방법은 그 국가들의 형편에 따라 실행되기도 하고 그렇지 않기도 하는 법입니다.

이런 경우 우리는 어떻게 해야 할까요. '자의적인 결정일지라도, 좋은 일이라면 한정된 장소에서만이라도 실시하는 것이 좋다'는 의견도 있을지 모릅니다. 하지만 중요한 일은 되도록 역사의 변덕에 맡겨두지 않도록 배려를 계속 해나가는 것이 옳습니다. '좋은 일'이 정말 '좋은' 일인지 판단하는 체제를 갖추고, '좋은 일'이라면 되도록 널리 사회 전체가 누릴 수 있도록 하는 방법을 마련하는 일이 사회가 진보하는 길이기 때문입니다. 이런 의미에서도 되도록 국제사회의 공동 결정을 기본으로 삼을—우선은 유엔(안보리)의 합의만이라도 얻을—필요가 있을 것입니다.

징벌적이지 않은가

..

두 번째, 유고 공습의 경우 방식이 **징벌적**이지 않았느냐는 점도 많은 논자들이 문제시했습니다. 즉, 희생자를 구하는 것보다 가해자를 벌하는 것을 우선시하는 문제로, 메리 캘도어도 이 점을 지적했습니다.

이때 '가해자의 두목'으로 간주된 밀로셰비치 유고 대통령은 당시 여러 의미에서 서구 국가들의 '눈엣가시' 같은 존재였습니다. 서구 국가들이 마련한 평화안에 따르지 않는다거나 태도가 건방지고 거만하다는 등 여러 말들이 있었습니다. '민족 정화'를 지휘하고 있다는 비판도 있었습니다. 그중 몇 가지는 사실이었을 테고, 몇 가지는 사실이 아닐지도 모릅니다. 어쨌거나 구유고 지역에서 내전이 계속되는 현실, 혹은 전후 화평이 안정되지 않는 데 초조해진 서구 국가들 입장에서 그런 밀로셰비치 대통령은 분명 눈에 거슬리는 존재였습니다. 만약 그런 '눈엣가시'를 노린 무력행사였다면, 다소 주관적이며 난폭한 대의명분이었던 셈입니다. 코소보 이전에 캄보디아나 우간다에서도 '인도적 개입'이 있었지만, 그때도 비슷한 이유가 있었습니다. 그러므로 '인도적 개입'을 제대로 하려면 이런 면에도 신경을 써야 하는 것입니다.

덧붙여 밀로셰비치 전 대통령은 2001년에 국내에서 체포된 뒤 헤이그의 구 유고 국제형사재판소에 넘겨져 반인도적 범죄 등의 용의로 재판에 회부되었습니다. 자신의 뜻을 좀처럼 굽히지 않는 피고인이었던 그는 직접 방대한 자료를 준비하여 변론을 펼치고, NATO의 군사 행동이야말로 부당하며 위법적인 것이라고 주장하여 소추관을 쩔쩔매게 만들기도 했습니다. 하지만 2006년 3월에 구치소에서 사망하여 재판은 완결되지 못했습니다.

희생자 구제가 최우선

..

다시 앞 이야기로 돌아갑시다. 요컨대 만약 인도적 개입이 인정된다면 우선 희생자 구제를 최우선시해야 한다는 것이 요점입니다. 가해자의 박해 행위를 저지하고자 가해자를 공격해야 하는 경우는 있을 수 있지만 **그것만으로** 끝나서는 안 될 뿐 아니라, **다른 목적**을 가지고 개입해서도 안 됩니다. 근본 목적은 인권 옹호이지 징벌이 아니기 때문입니다.

그렇다면 더더욱 박해받는 사람들을 구하는 행위를 임시방편인 자경단 같은 행동에 맡기지 말고, 제대로 절차를 밟아 언제 어디서든 평등하게 적용되는 국제 치안 활동으로 조직할 필요가 있지 않을까요.

그러고 보면 인권을 유린하는 박해가 이루어지고 있다, **그러므로 전쟁을 해야 한다**는 논리에는 어딘지 묘한 구석이 있습니다. '박해받는 사람들의 구제'와 '박해 저지'를 건너뛰고 갑자기 '징벌'로 넘어가버리는 점입니다. 게다가 그러고 싶은 나라, 할 수 있는 능력이 있는 나라가 하면 된다는 이야기로 흘러가기 십상입니다. 국제사회에서 '공적인' 처벌 제도와 절차를 만들기가 얼마나 어려운지 전문가라면 누구나 알고 있지만, 그럼에도 역시 현재의 시스템에는 개선해야 할 점이 있습니다.

앞서 소개한 하버마스를 비롯한 사람들이 이런 이야기를 이라크 전쟁에 대한 비판의 일환으로 주장하게 되었습니다. '국제법의 입법화' 혹은 '정체화(政體化)'라는 발상, 즉 대량 살상 무기의 단속이든 테러와의 전쟁이든 특정 국가가 마음대로 하면 안 되므로 국제사회의 권력 행사로서 규칙에 잘 따르게 할 필요가 있다는 논의입니다. 예전에 그가 비판했던 유고 공습에 대한 비판과 겹치는 부분이 많은 듯도 하지만, '짐승 같은 사람들에게는 의욕이 있는 나라가 전쟁으로 대응해도 된다'는 논리보다는 건설적인 듯합니다.

4

시민적 개입

'무장한 선의'의 어려움

..

일본에는 의사 나카무라 데쓰 씨의 활동이 널리 알려져 있습니다. 1980년대부터 파키스탄을 시작으로 아프가니스탄에서 의료 봉사 활동을 하고, 깨끗한 물을 확보하고자 수많은 우물을 파고, 안정적인 농업을 위해 현지 사람들의 힘으로 거대한 용수로를 건설하는 대단한 일을 하고 있는 분입니다(여섯 번째 이야기의 장 표지 사진 참조). 책이나 영상을 통해 활동하는 모습을 보고 있으면 절로 고개가 숙여집니다.

나카무라 씨의 글과 이야기 중에 특히 인상적인 것이 두 가지 있습니다. 하나는 현장에서 인도적 지원을 하고 있는 사람들에게 군대와 연계된 '인도적 지원'(또는 복구 지원)은 때때로 장애물이 된다는 것입니다. TV 인터뷰에서 "무기는 몸을 지켜주지 않는다. 가지고 있으면 도리어 위험할 때도 있다"라고 이야기하기도 했습니다. 2001년 시작된 아프가니스탄 공격의 경우, 미국과 그 동맹국의 공격 대상이 된 탈레반이 "우리는 복구라는 이름의 간섭을 공격의 표적으로 삼겠다"라는 성명을 발표한 적도 있습니다. **무장한 선의**는 문제를 낳는 경우가 많은 법입니다.

또 하나는 외국 사람들을 돕고자 한다면 무엇보다 현지 사람들의 필요에 따라 손길을 내밀어야 한다는 점입니다. 선거를 해본 적이 없는 사람들에게 불쑥 "이게 민주주의이다"라며 투표함을 주어도 쓸모가 없고, 서구와는 교육의 개념이 다른 곳에서 교육을 하자며 연필만 나눠준들 무슨 소용이 있겠냐고 나카무라 씨는 이야기합니다.

시민에 의한, 조기의, 평화적 개입

나카무라 씨의 활동은 '인도적 지원'이지 흔히 말하는 '인도적 개입'이 아닙니다. 하지만 방금 살펴본 점들은 인도적 개입의 문제를 생각할 때에도 큰 도움이 되는 듯합니다.

첫 번째, 인도적 개입의 문제는 매우 중요하지만, 군사 개입을 할지 여부가 유일한 문제는 아닙니다. 정말 절박하여 많은 사람들의 목숨을 구하기 위해 다른 수단이 없는 경우가 있을 수 있고, 그때 무엇을 해야 할지 생각해둘 필요는 있습니다. 한편 최종 단계만을 생각하는 것도 적절하지는 않습니다. 무엇보다 파국 직전에 이르기 전 단계에서, 사람들끼리 물과 식량을 두고 서로 죽이지 않도록 다양한 방법을 쓸 필요가 있습니다. 저는 이를 '시민적 개입'이라고 부릅니다. 징벌이 아닌 구제를 위한, 군대가 아닌 시민에 의한, 말기가 아닌 조기에 이루어지는 개입입니다. 나카무라 씨를 지원하는 NGO '페샤와르 모임'이나 다른 인도적 지원 NGO의 활동은 그런 성격을 띠고 있습니다.

두 번째, 현지 사람들이 무엇을 원하고 있는가가 가장 기본이 되어야 한다는 점 역시 인도적 개입에 적용해야 할 기준일 것입니다. 박해받는 사람들을 구출하러 가는 것이니 어디에 폭탄을 떨어뜨리든 불만은 없을 것이라는 생각은 금물입니다. 박해에서 구출받을 수 있다면, 압정에서 해방될 수 있다면 온 나라를 폭격해도 상관없다는 사람도 있을지 모르지만 그렇지 않은 사람도 틀림없이 많을 것입니다. 타국에서 평화를 실현하기 위해서는 타인을 자기 마음대로 하려 들지 않는 겸허함이 늘 필요하겠지요.

링컨의 유산

··

인도적 개입을 둘러싼 논의는 종종 '평화인가 인권인가'라는 선택지를 중심으로 이루어지지만, 제 생각은 조금 다릅니다. 그게 아니라 '얼마나 평화적으로 인권을 지켜낼 수 있는가'라는 점이 중요하지 않을까요. 그 노력이 실패한 뒤에 무력을 행사해도 될지 여부는 어디까지나 그 다음 문제입니다.

내전이기는 하지만, 노예 해방을 두고 벌어진 미국의 남북전쟁은 인권을 위한 전쟁의 선구격이기도 했습니다. 이 전쟁에서 노예 해방을 부르짖는 북군을 지휘한 에이브러햄 링컨 대통령이 전쟁 과정에서 자신의 대의를 절대시하는 독재자로 변했다고 보는 해석이 일반적이지만, 이는 터무니없는 오해라고 본 매우 흥미로운 연구가 있습니다. 게리 윌스의 『게티즈버그의 링컨Lincoln at Gettysburg』이라는 책입니다.

이 책에서 묘사된 링컨은 요즘 말하는 인권과 정의를 위한 싸움이었던 이 전쟁 당시와 이후 노예제는 미국이 범한 역사적 죄라고 말했고, 노예제 때문에 일어난 전쟁을 "강력한 천벌"이라고 하며 마치 참회라도 하듯이 전쟁이 빨리 종결되기를 바랐습니다. 그리고 링컨은 종전 후 제2기 대통령 취임 연설에서 "누구에게도 악의를 품지 말고, 모든 사람을 향한 자애로운 마음으로, …… 국민이 입은 상처를 싸매고, 전투의 고난을 함께한 자, 그 과부와 고아를 돌보기 위해 노력합시다"라고 말했습니다. 자신의 대의에 눈이 멀지 않은 이런 겸허함이 남아 있었기에, 그토록 비참한 전쟁이 일어났음에도 링컨은 위대한 대통령으로 기억되는 것이 아닐까요.

평화, 인권, 시민들
시민 사회의 세계화

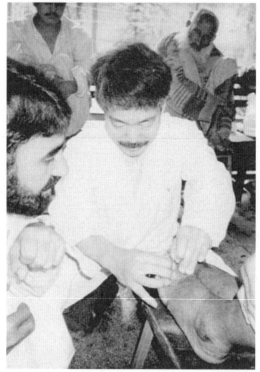

(사진 제공: 교도통신사)

파키스탄과 아프가니스탄에서 의료 활동을 하고 있는 나카무라 데쓰 의사.

1

평화를 위한
행동 주체들

탈희생자화

..

평화를 실현하는 행동 주체(actor)는 누구일까요? 그 답은 시대와 상황에 따라 다릅니다. 침략국이 세계를 석권하고 있는 상황이라면 그 나라에 맞서 침략을 진압하는 군사령관이라고 볼 수도 있고, 분쟁을 평화롭게 해결하려 하는 국면이라면 뛰어난 수완을 발휘하는 조정관이라고 볼 수도 있겠지요. 실제로도 이런 사람들이 평화의 주역인 시대가 오랫동안 이어졌습니다. 군인, 정치인, 외교관이 주역인 시대입니다.

평화가 '옳은 전쟁에 이기는 것'이나 '전쟁을 막는 것'이라면 그렇겠지만, 평화가 '인간의 생명과 인간다움을 보장하는 것'이라면 어떨까요? 이런 경우라면 앞서 말한 사람들보다는 인권 침해를 바로잡으려 활동하는 사람들이 더 중요한 주역이 아닐까요? 예를 들면 전쟁의 희생자를 보호하는 사람들, 난민을 돕는 사람들, 굶주림과 질병에 시달리는 아이들을 구호하는 사람들, '양심수'의 석방을 요구하는 사람들입니다. 문제로 삼는 '평화'가 국가 간의 평화인지 인간의 평화인지에 따라 실현하는 주체는 다양하게 바뀔 수 있는 것입니다.

다시 말하면 군대, 정치계, 관료계에서 높은 지위를 차지하지 않은 사람들, 즉 평범한 시민들이 평화 건설에 큰 역할을 하는 세계이기도 합니다. 평범한 시민이 직접 침략을 진압하거나 전쟁을 그만두게 하는 것이 아주 불가능하다고는 할 수 없지만, 쉽게 이룰 수 있는 일은 아닙니다. 이에 비해 인간다움을 충족하고 있지 못한 사람들이나 인간다움을 빼앗긴 사람들에게 구원의 손길을 내미는 행위라면 평범한 시민도 할 수 있는 일들이 많지요. 희생당하고 있는 사람들에게 식량과 의료품을 전해주고, 난민 캠프를 운영하고, 우물을 파는 일 등입니다. 이것 역시 쉬운 일은 아니지만, 강력한 무기를 가진 군대에 맞서는 것과는 달리 여러모로 궁리하면 평범한 사람들도 실천할 수 있는 여지가 많습니다.

바로 이런 활동이 '평화를 실현하는 것'의 요점이라며 '탈희생자화(de-victimization)'라는 이름을 붙인 평화연구자들이 있습니다. 1980년대의 일입니다. 희생자를 없애는 것, 자신의 책임이 아닌 요소(피부색, 인종, 성별)로 고통을 짊어진 사람들이 고통받지 않게 하는 것을 의미합니다. 희생자가 된 평범한 시민에게 평범한 시민이 손길을 내민다는 의미의 평화 건설이 이렇게 본격적으로 시작되었습니다. 바로 이런 이유로 '인권의 시대'는 '시민의 시대'를, 좀 더 구체적으로는 'NGO의 시대'를 탄생시켰습니다.

인권이란 무엇인가

..

그렇다면 애초에 인권은 무엇일까요? 제대로 설명하기 쉽지 않은 아주 어려운 문제입니다. 법학적으로 표현할지, 정치학적으로 표현할지, 철학적으로 표현할지에 따라서도 내용과 역점이 미묘하게 달라집니다.

이 점을 고려하여 일단 인권이란 인간이 태어나면서부터 가지고 있으며 근거 없이 빼앗겨서는 안 되는 다양한 권리라고 정의하겠습니다. 구체적으로 어떤 '권리'인지 나열해놓은 것이 각종 인권 조약과 그에 준하는 국제문서(유엔 총회 결의 등)입니다. 이를 통틀어 '국제인권법'이라고 부르며, 현재 방대한 수에 이릅니다. 20세기를 '인권의 세기'라고 부르기도 하는데, 이는 20세기(특히 후반)에 인권의 소중함에 대한 의식이 세계적으로 높아진 것과 더불어 인권에 관한 국제법이 급속히 늘었다는 점이 큰 원동력이었다고 봐도 될 것입니다. 말하자면 국제인권법이 발달함에 따라, 내버려두면 '흙바닥'에서 침해받고 간과되고 있었을지도 모를 인권을 감시탑 위로 끌어 올려놓았다고 볼 수 있습니다.

그렇다면 감시탑 위로 올려진, 국제법으로 보장되는 인권이란 무엇일까요. 역시 다양한 종류가 있지만, 일단 기준으로 참고할 만한 자료는 1948년에 유엔 총회에서 채택된 '세계인권선언(Universal Declaration of Human Rights)'입니다. 그 후 국제인권법 발전의 토대가 된 매우 중요한 선언입니다. 선언은 차별받지 않을 것, 생명에 대한 권리, 노예가 되지 않을 권리, 고문을 받지 않을 것, 박해를 피하여 망명을 요청할 권리, 사상과 표현의 자유, 집회의 자유, 노동의 권리, 교육을 받을 권리 등을 '인권'의 예로 들었습니다.

'동정'과 '인권'의 차이

··

이런 내용만으로는 추상적이라 아직 크게 와 닿지 않을지도 모르겠습니다. 그렇다면 다음 같은 묘사는 어떻습니까.

탄자니아의 페브로니아라는 여성은 서른다섯 살로 아이 일곱 명을 낳았다. 그중 두 아이는 일곱 살에 사소한 이유로 죽었고 한 아이는 태어나자마자 죽었다. 남편은 커피 농장의 일용 노동자로 일하며 여섯 가족의 연간 소득은 125달러이다. 가족은 판잣집에서 산다. 페브로니아는 매일 편도 1시간이나 걸리는 곳으로 물을 길러 간다. 페브로니아는 쉬지 않고 일하지만 찢어지게 가난한 생활이 계속될 뿐이다. 하지만 남편은 술을 마시면 그녀를 마구 때리기에 그녀는 겁에 질린 채 지내고 있다. 여자아이들은 엄마 일을 잘 도와주어 아기를 보고 풀을 베며 무엇이든 하지만, 남자아이들은 밖에서 노는 경우가 많다. (유니세프 「세계아동백서」 2001년판에서 요약)

이 내용에는 몇 가지 '인권' 문제가 있습니다. 아무리 일해도 적은 임금밖에 받지 못하여 가난에 시달리는 것, 왕복 2시간이나 걸려 다녀오지 않으면 청결한 물을 얻을 수 없는 것, 아이들에게 기초적인 의료도 제공되지 않는 것, 여성의 지위가 낮고 가정 폭력도 거의 당연하게 받아들여지는 것 등입니다.

페브로니아와 그 가족이 처한 상황을 보고 **불쌍하다**고 말하는 것은 '동정'입니다. 반면 그러면 **안 된다**고 말하는 것이 '인권'의 사상입니다. 무엇이 다를까요? 다른 나라라면(혹은 탄자니아 안에서도) 이런 힘든 처지에서 벌써 벗어날 수 있었을 텐데, 특정 사람들만이 벗어나지 못하고 있다는(벗어나지 못하도록 제지당하고 있다는) 점입니다. 모든 사람이 똑같이 비참하다면 권리의 문제는 그다지 첨예해지지 않습니다. 부조리한 격차가 있기에, 따라서 그 격차가 해소**되어야 한다**고 생각되기에 인권의 문제인 것입니다.

부조리한 격차를 없애기

..

이 점은 인권의 본질 중 하나라고 할 수 있습니다. 즉, 부조리한 격차를 내버려둬서는 안 된다, 혹은 부조리한 격차를 새롭게 만들어서는 안 된다는 것입니다. 인간이라는 존재는 평등하게 태어나지는 않습니다. 체격, 체력, 지력, 우연히 태어난 나라의 국력, 가정의 경제력에 이르기까지 다양한 차이와 격차가 있습니다. '사람은 태어나면서부터 평등하다'라고도 하지만 '인간은 태어나면서부터 평등하지 않다'는 것이 현실입니다.

이런 불평등을 어떻게 해야 할까요. 만약 다른 사람들과 다른 대우를 받는 것이 본인의 책임이라면 어쩔 수 없는 일이겠지요. 예를 들면 유죄 판결을 받은(공정한 재판을 통해!) 사람이 징역형을 받아 자유를 빼앗기는 경우는 형무소에서 비인도적인 처우를 받지 않는 한 본인의 책임에 의한 것이지, '신체의 자유'라는 권리를 침해받았다고는 할 수 없습니다. 하지만 피부색이나 성별은 본인의 선택도 책임도 아니므로, 그에 대한 책임을 져야 하거나 그런 요소 때문에 차별 대우를 받을 이유는 없습니다. 그렇다면 그런 차별은 해소해야 합니다. 하물며 그런 근거에 따라 새롭게 차별을 두거나 확대해서는 안 됩니다. 적어도 근대법의 사상에서는 그렇습니다. 이렇게 인권이란 근거 없는 격차를 없애는 것, 만들지 않는 것이라고 볼 수 있습니다.

피부색이나 성별만이 아닙니다. 우연히 어느 나라에서 태어

낳는지에 따라 환경이 크게 바뀌는 일도 우리 모두에게 공통된 해결 의무를 부과하는 '인권'의 문제이겠지요. 다시 한 번 유니세프의 문서를 보면, 「국가들의 전진」이라는 자료의 1999년판에 '채무는 아이의 얼굴을 하고 있다'라는 제목의 논설이 있습니다. 단순히 '개도국 채무'라고 말하면 '가난한 나라가 지고 있는 빚'으로 이야기가 끝나버리지만, 이 논설은 국가들이 진 채무의 이면에는 한 사람 한 사람의 아이들이 있다는 현실을 파헤쳤습니다. "아이 한 명당 모리타니에서는 997달러, 니카라과에서는 1213달러, 콩고에서는 1872달러의 채무를 지고 인생을 시작한다. 개도국 전체에서 이 액수는 평균 417달러이다." 우연히 일본이나 미국에서 태어나면 그런 채무 없이 인생을 시작하고(최근에는 사정이 조금 달라지고 있습니다만), 콩고에서 태어나면 1872달러의 채무를 진다는 현실에 과연 합리적인 근거가 있을까요. 만약 없다면 이는 바로잡아야 할 사태이며, 여기서 '인권'이 생겨나는 것입니다.

2

다양한 박해와
인권 NGO

고문, 학살, '강제 실종'

..

방금 살펴본 예는 빈곤과 채무에 관련된 인권 문제이며 구조적 폭력과 적극적 평화에 관련된 문제이지만, 국내외의 직접적 폭력 및 소극적 평화에 관련된 인권 문제도 물론 아주 많습니다.

수많은 예 중에서 과테말라를 살펴보겠습니다. 1960년부터 1996년까지 군사 독재 정권이 좌익 게릴라 세력을 추방하려는 작전을 펼쳐, 그 일환으로서 혹은 그와 관련하여 대규모 인권 침해가 발생했던 나라입니다. 고문과 학살은 군사 정권뿐 아니라 게릴라 세력도 했습니다. 36년 동안 사망자와 행방불명자가 20만 명 이상, 국내 피난민이 150만 명, 국외로 도망쳐 난민이 된 사람들이 15만 명 이상에 이르렀다고 합니다(역사적 기억의 회복 프로젝트 엮음, 『과테말라, 되풀이되어서는 안 될 상처*Guatemala Nunca Más*』, 이하 사실 관계의 인용은 같은 책).

학살을 자세하고 확실히 기록하기 위해 가톨릭교회를 중심으로 편성된 NGO '역사적 기억의 회복 프로젝트(REMHI)'가 6000명에 이르는 피해자를 대상으로 인터뷰를 했습니다. 증인 중 한 사람은 이렇게 말합니다. "죽임을 당한 사람들은 길에서 붙잡혔습니다. 그 사람들을 고문하고 손발을 줄로 단단히 묶었습니다. (중략) 죽이기 전에 옷을 벗겨 알몸으로 만들고는 마구 때리고 고문했습니다. 그리고 두 사람의 시체를 길가에 내팽개치고 갔습니다." '강제 실종', 즉 반정부적으로 보이는 사람들을 폭력적으로 유괴하여 행방불명으로 만드는 인권 침해와 여성에게 가해진 끔찍한 폭행에 대해서도 상세한 증언을 수집하여 기록했습니다.

이런 일이 과테말라뿐 아니라 여러 나라에서 일어나 지금도 각지에서 계속되고 있습니다. 이 정도면 인간 사이의 격차를 논할 문제가 아니라 노골적인 만행이며, 어떤 곳에서든 당장 그만두게 해야 할 행위입니다. 인권에 관한 논의도 아주 복잡하여, 애초에 서구적인 발상에서 생겨난 것이므로 세계의 다른 지역에도 그대로 적용하려는 것은 바람직하지 않다는 의견, 나라와 지역에 따라 다른 인권 관념을 인정해야 한다는 의견도 있습니다. 분명 그런 면도 있지만, 인간을 고문하고 폭행하고 학살하는 일만큼은 어떤 문화권에서든 똑같이 금지해야 할 것입니다. 그런 의미에서 보편적인 인권은 분명히 존재한다고 봐야 합니다. 이성과 양식을 잃지 않은 인간이라면 누구나 충격을 받고, 타인의 신상에 일어난 일이더라도 두고 볼 수 없는 인권 침해가 현대 세계에는 존재하는 것입니다.

인권 NGO

..

제2차 세계대전 후에 인권 NGO라는 시민 조직이 잇따라 만들어진 데에도 이런 배경이 있었습니다. 기아를 구제하거나 교육을 지원하는 활동도 넓은 의미에서는 인권을 실현하기 위한 것이므로 이런 활동을 하는 NGO도 인권 NGO라고 볼 수 있지만, 보통 인권 NGO라고 불리는 단체는 정치범 구속, 고문, 학대, 폭행, 강제 실종 등 생명과 신체의 자유에 대한 심각한 침해 행위를 감시하고 항의 행동을 하는 단체를 말합니다. 국제앰네스티, 휴먼라이츠워치, 국제법률가위원회 등 국제적으로 잘 알려진 곳도 많습니다.

활발히 활동하는 NGO는 여러 분야에 있지만, 인권 NGO는 개발 NGO*와 함께 '빼앗긴 인간성을 회복하는 일=탈희생자화' 그 자체를 목표로 한다는 점에서 특히 존재 의의도 알기 쉬

---

* 개도국의 빈곤 퇴치와 개발을 목적으로 활동하는 NGO(역자 주).

울 것입니다. 어쨌든 이를 계기로 세계에 한 가지 큰 변화가 일어났습니다. 평범한 시민들의 사고와 행동이 국제사회의 운영에 영향을 미치게 된 것입니다. 여기서 말하는 '국제사회의 운영'이란 '탈희생자화' 행동이기도 하므로, 곧 '평화 건설'이기도 합니다. 이렇게 평화 건설에 시민의 행동이 큰 의미를 가지기 시작했다고 봐도 되겠지요.

이와 관련하여 주목할 만한 점은 탈희생자화 행동에서 NGO와 '유엔 속의 NGO적인 부분'이 서로 연계되는 일이 많다는 것입니다. '유엔 속의 NGO적인 부분'이란 총회나 안보리처럼 국가 대표로 구성되어 있지 않고 유엔 직원으로 구성된 기관을 의미합니다. 유엔 내부의 사무국과 유엔난민기구(UNHCR)처럼 유엔에 속한 기관입니다. 국가의 대표가 국익을 위해 일하는 것과는 달리 국제사회 전체의 이익을 위해 일한다고도 볼 수 있다는 점에서 NGO에 가깝습니다.

'시민 사회'의 대두

..

난민 구호에 관해서는 세이브더칠드런이나 옥스팜처럼 영국에서 시작된 국제 NGO, JEN(예전 명칭은 일본긴급구호NGO)이나 피스윈즈재팬처럼 일본에서 시작된 여러 NGO가 활발히 활동하고 있습니다. 그 밖에도 많은 조직이 있으며, 이런 NGO 중많은 곳이 유엔난민기구와 협력하거나 연대하며 일하고 있습니다. 긴급 사태와 관련된 구호 활동을 할 때 정부 간의 국제기구(유엔 등)인지 비정부 간의 단체(NGO)인지는 중요하지 않다는 이야기겠지요.

난민 문제는 아주 심각한 **비**평화의 문제입니다. 유엔난민기구가 구호에 나서는 난민 수는 해마다 다르지만 2000만 명 안팎에 이릅니다.* 세계의 어딘가에서 매년 이렇게 많은 사람들이 고향에서 쫓겨나고 국경을 넘어 삶의 터전을 잃고 있으므로, 유엔난민기구와 NGO가 손을 잡고 온 힘을 다해 활동해야 합니다. 난민(그리고 자국 내에서 떠돌아다니는 '국내 피난민')의 처지를 '강제된 이동'이라고도 하는데, 그야말로 난민들은 자신의 뜻과 상관없이 공포에 떨며 살던 곳에서 쫓겨나고 있습니다. 이것 또한 인권 침해라는 사실은 새삼 말할 필요도 없습니다. 이런 의미에서 난민에 대한 인도적 구호 활동은 긴급한 인권 보호 활동이기도 합니다.

세계는 이렇게 바뀌기 시작했습니다. '지금은 무조건 NGO의 시대'라고 치부해버릴 생각은 없습니다만, 활발하고 우수한 NGO를 빼놓고는 세계의 문제를 해결하기도 어려워졌습니다. 이제 유엔에서도 이런 NGO를 중시하여 '시민 사회(civil

---

* 2018년 6월, 유엔난민기구는 2017년 말 기준 전 세계의 강제 이주민이 6850만 명에 이른다고 밝혔다. 자국을 떠난 난민이 2540만 명으로 집계 이래 가장 큰 폭으로 증가했으며, 국내 피난민은 4000만 명, 난민 신청자는 310만 명에 이른다(역자 주).

society)'라는 이름으로 부르며 그들과의 연대를 본격적으로 추진하고 있습니다(NGO와 '시민 사회'는 겹치는 부분도 있고 그렇지 않은 부분도 있지만 여기서는 거의 같은 의미로 쓰겠습니다). 이렇게 '주역'으로 떠올랐다는 사실은 인권이 핵심인 해결 과제가 급격히 늘어나면서 문제 의식과 행동력이 있는 사람들의 반응을 이끌어냈음을 의미합니다. 말하자면 세계적인 여러 문제가 세계 각지에서 평범한 시민들의 조직을 키웠다는 이야기입니다. 인간의 비극과 고뇌가 계속되는 과정에서 희망을 주는 부산물이었습니다.

3

NGO들이 있는 세계

국제법이 만들어지는 방식

..

그렇다면 '시민 사회'는 현장에서 구호 활동을 하느라 분주하기만 할까요? '대국적'인 정책과 근본에 있는 국제법의 규칙은 그저 정치인과 정부 관료가 정하는 것일까요? 그렇지 않습니다. 최근에는 문제투성이인 세계에 필요한 국제법(조약 등)을 자신들이 원동력이 되어 만들어나가자는 움직임을 보이는 단체가 점차 늘어나고 있습니다.

하지만 이런 움직임은 최근에 시작된 것은 아닙니다. 1859년에 솔페리노(이탈리아 북부) 전쟁터의 처참한 광경에 충격을 받은 스위스 인 앙리 뒤낭이 부상자와 병자 구호를 위한 조직을 만들겠다고 결심했습니다. 그리하여 1863년에 지금의 적십자 국제위원회의 원형이 되는 조직('5인위원회')이 설립되었습니다. 그 무렵부터 이미 현장의 구호 활동을 국제적으로 조직할 뿐 아니라 부상자와 병자 보호를 의무화하는 조약을 만드는 활동도 추진되었습니다. 1864년에는 '전지에 있는 군대의 부상자 및 병자의 상태 개선에 관한 제네바 협약', 즉 국제인도법의 출발점이라고 할 수 있는 협약이 5인위원회의 추진으로 체결되었습니다. 적십자국제위원회가 그 뒤에도 세 번째 이야기에서 살펴본 제네바 4개 협약(1949)을 비롯한 많은 국제인도법을 체결하는 데 원동력이 되었다는 사실은 잘 알려져 있습니다.

NGO가 '국제 입법'에 관여하는 움직임도 이 흐름의 연장선상에 있습니다. 고문을 금지하는 조약이 없으니 만들자는 활동(국제앰네스티 등), 대인 지뢰를 금지하는 조약이 없으니 만들자는 활동(국제지뢰금지운동, ICBL) 등입니다. 모두 멋지게 결실을 맺었습니다. 국가들에만 맡겨봤자 필요한 국제법규가 좀처럼 제정되지 않으니 현장에서 필요로 하고 있는 것이 무엇인가를 잘 알고 있는 우리가 법 제정을 추진하자는 움직임입니다. 또 법 제정은 아니지만, 핵무기 사용이 위법인지 여부가 애매한 채로 남아 있어 국제사법재판소의 판단을 요구하는 움직임도 국제평화국(IPB) 등 몇몇 반핵 평화 NGO가 유엔 총회에 요청한 결과였습니다(일곱 번째 이야기 참조).

규범 프로모터

··

이런 흐름과 관련하여 '규범 프로모터(norm entrepreneur)'라는 재미있는 말이 쓰이기도 합니다. 아직 존재하지 않는 새로운 국제법규를 만들자며 '선도자'가 되려는 사람이나 조직, 국가를 말합니다. 꼭 NGO뿐 아니라 유엔 기관이 될 수도 있고 경우에 따라 국가여도 무방하며, 새로운 법규와 조약을 먼저 제시하고 그에 찬동하는 국가들을 늘려 조약을 비롯한 여러 결실을 얻습니다. 방금 살펴봤듯이 고문방지협약(1987년 발효), 대인지뢰금지협약(1999년 발효)을 통해 실현되었습니다. 국제형사재판소 규정(2002년 발효)도 많은 NGO가 추진하여 마련되었습니다.*
이제 본격적으로 사람들이 많은 국가를 끌어들여 새로운 규범 상황을 이끌어내고 있다고 할 수 있습니다.

오랫동안 국제법과 국제재판소를 만드는 일은 국가를 대표하는 고위급 관료의 전유물로 여겨졌습니다. 하지만 이제 세계적으로는 '민간' 출신 '프로모터'의 진입이 조금씩 허용되고 있습니다. 여기저기서 엉터리 국제법규를 만들자고 하면 안 되겠지만, 무엇이 정말 필요한 국제법규인지 주장할 수 있는 지평이

---

* 아울러, 2017년 유엔 총회에서 채택된 핵무기전면폐기조약은 국제 NGO 연합체인 핵무기폐기국제운동(ICAN)의 활동에 힘입어 실현되었다. ICAN은 2017년 노벨 평화상을 수상했다(역자 주).

넓어진다면 그 자체는 미래를 향한 가능성을 품은 의미 있는 변화가 아닐까요.

아리아 방식 — 안보리에도 NGO가 관여를

NGO가 여러 영역에서 활동하고 국제법 입법에까지 관여한다 해도 국가 간의 외교와는 역시 거리가 있지 않은가, 특히 그 '정점'이라 할 수 있는 유엔 안보리는 NGO와 무관한 존재가 아닌가. 흔히 이렇게 생각할 수도 있을 것입니다. 하지만 실제로는 그렇지 않습니다. 1990년대부터 NGO 대표가 안보리의 구성원에게 의견을 제시하는 경우가 종종 생겼습니다.

발단은 베네수엘라의 디에고 아리아 유엔 대사였습니다. 베네수엘라가 안보리 의장국이 된 1992년 3월, 분쟁 중인 크로아티아를 탈출한 한 사제에게 현지 사태를 안보리 구성원에게 설명해 달라고 요청한 것입니다. 공식적으로 허용되지 않았기 때문에 아리아 대사는 이사회의 라운지에서 비공식 '청취회'를 열었습니다. 유엔 대사 10여 명이 참석하여 현지 상황을 직접 겪은 사람이 전해주는 생생한 정보를 듣고는 놀랐다고 합니다.

이 일이 중요한 돌파구로 작용했습니다. 아리아 대사는 소말리아 정세의 현지 보고를 듣고자 인권 NGO인 아프리카워치(현재는 휴먼라이츠워치의 아프리카 부문)의 대표를 의장실에 초청했습니다. 당시는 안보리가 NGO의 보고를 받는 일 자체가 상상하기 어려운 시대였지만, NGO 측도 적극적으로 임하여 이에 대한 기대가 높아졌습니다. 이 방식을 '아리아 방식'이라고 합니다. 1994년 르완다 정세가 험악해졌을 때는 1월에 의장에 취임한 체코의 카렐 코반다 대사가 휴먼라이츠워치의 르완다 문제 전문가를 대사 공관에 초청하여 비공식으로 의견을 청취했습니다. 이때는 당시의 모든 비상임 이사국이 참석했다고 합니다.

안보리와 NGO의 연대를 강화하는 구상을 한 또 다른 주요 인물이 있습니다. 바로 칠레의 후안 소마비아 대사입니다. (1996년 4월 및 1997년 10월에 안보리 의장). 아리아 방식이 도입되었지만 특히 대부분의 상임 이사국은 NGO의 관여에 반대하여 1996년에는 부룬디 정세에 관해 NGO의 보고를 받자는 제안이 보류되기도 했습니다. 이에 후안 소마비아 대사는 1997년에 인도적 원조 단체 네 곳, 즉 국제적십자위원회, 옥스팜, 국경없는의사회, 국제원조구호기구(CARE)를 초청하여 비공식 회의를 열고 부룬디 주변 지역(아프리카 대호수 지역)의 정세에 관해 의견을 청취했습니다. 안보리 이사국이 아닌 국가들도 초청한 회의였습니다. 그 후 1999년부터 2000년에 걸쳐 프랑스, 네덜란드, 캐나다 등의 대사들도 아리아 방식을 실시하여 상임 이사국의 거부감도 줄었다고 합니다.

'이들이야말로 잘 알고 있다'

..

이렇게 NGO와 안보리의 제휴 관계에 어느 정도 토대가 만들어졌습니다. 그 뒤로는 둘 다 아리아 방식에 관심을 덜 기울이고 있다고도 합니다만, '시민 사회의 세계화'라는 흐름을 고려한다면 유엔의 외교에서 이런 요소를 강화해야 평화 건설에 유용할 것으로 보입니다. 복잡해지는 국제정세가 세부적인 것까지 정확하게—인간 안보를 배려할 수 있을 정도로—안보리에 전해지고 있다는 보증은 없기 때문입니다. 이런 점에서 다음과 같은 소마비아 대사의 말은 귀를 기울일 만한 가치가 있습니다.

"안보리와 옥스팜 같은 단체 사이에 더욱 강력한 연결고리를 만들어야 한다. 이들 단체야말로 현장에서 인도적 활동을 하고, 상대방의 사회를 직접 경험하고, 위기에 빠진 사람들의 겁에 질린 눈을 들여다보며, 그 사람들이 어떤 사람들인지 잘 알고 있기 때문이다. 즉 그곳에서 무슨 일이 일어나고 있는지, 어떤 파벌 관계가 존재하는지, 지배자와 민중은 어떤 관계인지 누구보다도 잘 알고 있다. 그리고 그런 이야기는 이들 단체로부터 듣지 않는 한 안보리의 회의장에는 결코 전해지지 않는다."

핵과 섬멸의 사상

인간의 망각에 따른 평화 파괴

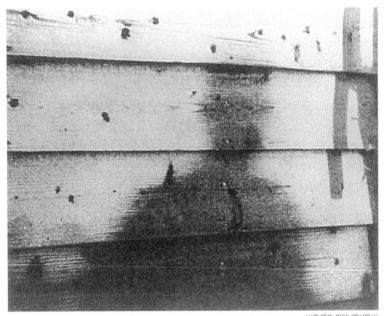

(사진 제공: 마이니치신문사)

히로시마에 투하된 원자폭탄은 사람의 형상을 판자벽에 남겼다.

1

전략 폭격과 히로시마,
나가사키

여름 꽃

..

"이글거리는 태양 아래 드러누운 은빛의 허무가 펼쳐진 가운데 길이 있고, 강이 있고, 다리가 있었다. 그리고 벌겋게 벗겨지고 부풀어 오른 시체가 여기저기 배치되어 있었다. 정교하고 치밀한 방법으로 실현된 새로운 지옥이 분명한데, 여기서는 모든 인간적인 것이 말살되어 시체의 표정으로 말할 것 같으면 어떤 모형 같은 기계적인 것으로 치환되어 있었다. 괴로워하던 찰나 발버둥 치며 경직된 듯한 사지는 일종의 기괴한 리듬을 품고 있다." (하라 다미키, 『여름 꽃夏の花』)

앞의 글은 작가 하라 다미키가 묘사한 1945년 8월 6일의 히로시마입니다. 그날 오전 8시 15분, 갑자기 "머리 위에 일격이 가해지고 눈앞에 암흑이 미끄러져 내렸다. …… 폭풍 같은 무언가가 추락하는 소리 외에는 온통 깜깜해 뭐가 뭔지 알 수 없"던 원폭 투하의 순간을 체험한 그는 강을 향해 도망치는 길에 이 지옥 같은 풍경을 목도했던 것입니다.

투하된 폭탄은 재래식 화약(TNT 화약)으로 환산하면 약 15킬로톤이었습니다. 당시 세계 최대의 폭격기였던 B29가 탑재할 수 있는 재래식 폭탄이 최대 5톤이었으니 히로시마는 단숨에 3000대도 넘는 B29의 거센 폭격을 받은 셈입니다. 열선, 충격파, 폭풍, 방사능의 위력이 합체하여 수많은 희생자를 낳았습니다. 그해 연말까지의 사망자는 14만 명 정도로 추정됩니다. 히로시마에 원폭이 투하된 3일 후, 이번에는 나가사키가 같은 일을 겪었습니다. 투하된 원폭은 TNT 화약으로 환산하면 약 22킬로톤, 폭격이 가해지고 수개월 내에 사망한 사람은 7만 명 안팎으로 추정됩니다.

두 도시에서 사람들이 어떤 피해를 입었는지는 『원폭 재해 히로시마, 나가사키原爆災害 ヒロシマ · ナガサキ』(히로시마 시 · 나가사키 시 원폭재해지편집위원회 엮음)에 간결하게 정리되어 있으니 실증적인 기록에 관해서는 이 자료를 읽어보시면 됩니다. 이 책에서는 이런 잔학한 무기가 '전쟁이 점점 더 격렬해지는 바람에 어쩔 수 없이 사용되었다'고는 볼 수 없다는 점을 생각해보

고 싶습니다. 우연히 사용된 것이 아니라, 전쟁의 역사 속에서 '섬멸의 사상'과 '시민 위협의 사상'이 정점에 달했기 때문에 이런 무기를 사용하는 움직임에도 제동이 걸리지 않았던 것이 아닐까요?

전략 폭격의 사상

..

적의 병사들이나 군사 시설 등 이른바 '군사 목표'가 아닌 일반 시민과 그들의 거주 지역 등을 공중에서 폭격하는 것을 전략 폭격이라고 합니다. 무차별 폭격이라고도 하지만, 이는 주로 국제법(국제인도법)의 관점, 즉 구별해야 할 군사 목표와 비군사 목표를 명확히 구별하지 않은 점을 강조한 용어입니다. 한편 전략 폭격은 전쟁에 이기기 위해 가장 효율적인 방법으로 시민들에게 피해를 입힌다는 측면을 강조합니다. **자각한 상태에서** 일반 시민을 노려 폭탄 세례를 가하고 소이탄으로 거리를 불태우는 것입니다.

전략 폭격은 피카소의 그림으로 유명한 스페인의 게르니카에서 시작되었다고 알려져 있습니다. 1937년 4월 독일군이 소이탄으로 시가지를 불태우고 폭격하여 1600명 이상의 사망자를 낸 작전입니다. 이듬해에 일본군이 중국의 충칭에 전략 폭격을 개시하여 1943년까지 계속했습니다. 전략 폭격에 관한 마에다 데쓰오 씨의 명저 『전략 폭격의 사상戰略爆擊の思想』에 따르면,

중국 측 자료에 사망자 수가 1만 1885명에 이르렀다는 내용이 있다고 합니다. 당시 육군 비행단장이 내린 공격 명령에는 "비행단은 주력 부대로 충칭 시가를 공격하고 장 정권[장제스 국민당 정권, 저자 주]의 상하(上下)를 뒤흔들 것이다"라는 내용이 있었습니다. "상하를 뒤흔들 것이다"라는 부분이 중요합니다. '하', 즉 일반 시민을 떨게 만드는 것이 이런 폭격의 주목적이라는 사실을 이 명령서가 단적으로 보여주기 때문입니다.

전략 폭격은 그 뒤 독일이 런던에(1940), 영국이 드레스덴에(1945, 이 책 네 번째 이야기 참조), 미국이 도쿄와 오사카, 나아가 히로시마와 나가사키에 실시했습니다. 제2차 세계대전 후의 전략 폭격으로는 미국이 베트남에 한 폭격(1965~1973)과 2003년에 일어난 이라크 전쟁을 드는 사람도 있습니다. 군사 목표와 비군사 목표가 섞여 있으면 엄밀히는 전략 폭격이라고 부르기 어려운 경우도 있지만, '부수적'으로라도 일반 시민에게 큰 피해를 입힌다면 넓은 의미에서 전략 폭격에 포함할 수 있겠지요. 또한 '폭격' 중에는 비행기로 폭탄을 떨어뜨리는 경우뿐 아니라 아주 먼 곳에서 미사일을 쏘는 시민 공격도 있습니다. 어떤 경우든 많은 국가들이 똑같은 일을 저질러왔습니다.

빗발치는 폭탄을 맞는 쪽의 입장에서 보면 전략 폭격에는 공통점이 하나 있습니다. 싸우고 있는 전투원과 달리 어찌할 도리 없이 거센 폭격과 소이탄에 노출되는 시민들이 극도의 공포에 휩싸인다는 점입니다. 마에다 씨는 이런 종류의 폭격을 "공중에서 온 테로르"(테로르는 '테러'를 말함)라고 표현합니다. 공중에서 테러를 하여 일반 시민을 두려움에 떨게 만드는 것이지요. 아주 적절한 비유가 아닐 수 없습니다.

섬멸에서 핵으로

..

하지만 일반 시민을 공포의 나락으로 떨어뜨리는 전략 폭격은 공포는 안겨주지만 목숨만은 구해주는 공격이 아닙니다. 공포를 뼈저리게 느끼게 하려면 실제로 많은 희생자를 낼 필요가 있습니다. 이리하여 전략 폭격은 단순한 '시민 위협의 사상'에 그치지 않고 그 배후에 '섬멸의 사상'을 품게 됩니다('섬멸[extermination]'이라는 단어는 국제형사재판 등에서는 식량과 의약품의 보급을 끊어 주민의 생명을 빼앗는 것이라고 정의하고 있으나[예: 국제형사재판소 규정 제7조2(b)], 이 책에서는 단어의 통상적인 의미, 즉 '몰살'의 의미로 사용합니다). 비전투원인 시민에게 공포를 주고 사기를 꺾는 것이 목적이라고는 하지만, 의도적이든 우발적이든 많은 일반 시민을 집중적으로 살해하고 거리를 불태우는 것이므로 필요하다면 상대방을 섬멸해도 상관없다는 생각이 어딘가에 있을 터입니다.

적국 시민을 공포의 나락으로 떨어뜨리는 것이 목적이며 그러기 위해 섬멸과도 비슷한 행위를 실행한다면, 가장 효율적인 수단은 상식을 초월한 파괴력을 가진 무기를 쓰는 것이겠지요.

그것이 핵무기였습니다. 마침 1945년에 완성됐기 때문에 히로시마와 나가사키에 사용된 것이라는 측면이 있었을지는 모르겠으나, 역시 핵무기는 전략 폭격의 사상에 젖어버린 인류가 얼마간 자연스럽게 도달한 결말이었던 것입니다.

그렇다고는 해도 핵무기에 의한 전략 폭격은 그때까지의 재래식 무기에 의한 전략 폭격과는 다른 측면이 있습니다. 무기의 성질이 다르고 피해의 규모도 다르지만, 필연적으로 무차별적일 수밖에 없는 무기라는 점이 큰 차이입니다. 폭격기에 의한 폭격은 전투원과 일반 시민을 차별(구별)하려고 하면 불가능하지는 않습니다. 이에 반해 핵무기는 말하자면 처음부터 차별화를 포기한 무기입니다. 차별화를 할 수 있는데 하지 않는 것과 처음부터 불가능한 것 중 어느 쪽이 더 죄가 무거운지는 판단하기 어렵지만, 어쨌든 차별하기가 불가능해졌습니다. 사용하면 자동으로 국제인도법을 위반하게 되므로, 이는 핵무기가 윤리적으로뿐 아니라 법적으로도 '쓸 수 없는' 무기임을 의미합니다. '궁극의 무기'는 양심과 준법정신이 있는 한 '쓸 수 없는' 무기이기도 한 것입니다. 그렇기 때문에 일부 핵보유국은 '차별화할 수 있는' 핵무기, 즉 소형 핵을 집요하게 개발하기 시작했습니다.

2

핵의 시대

핵에 사로잡힌 유엔

··

제2차 세계대전이 끝나고 세계는 유엔이라는 '평화를 위한 국제기구'를 만들었습니다. 유엔의 창설은 제2차 세계대전을 강력히 부정하는 일이기도 했습니다. 하지만 제2차 세계대전이 **종전된 방식**을 부정하는 것은 아니었습니다. '종전된 방식'이란 히로시마와 나가사키에서 궁극의 전략 폭격이 가해지고 이를 계기로 전쟁이 끝났다는 사실을 가리킵니다. 분명 전쟁은 끝나야 했습니다. 하지만 전쟁을 끝내기 위해서라면 궁극의 비인도적 무기를 사용한 전략 폭격을 가해도 괜찮다는 말일까요? 적어도 앞으로도 계속 '괜찮은 것'으로 가는 것일까요?

승자가 사용한 무기라서 이 점은 불문에 부쳐졌습니다. 덧붙여 미국뿐 아니라 소련, 영국, 프랑스, 중국도 핵 개발에 나서 순식간에 핵보유국이 되었습니다. 이렇게 핵무기를 부정하지 않고 긍정하는 체제가 성립되었습니다. 이것이 유엔이라는 체제 그 자체였다고 말하면 조금 부정확하지만, 유엔이 존재하든 그렇지 않든 (그 밖에서) 핵 보유가 정통성을 유지하게 되었다는 말은 할 수 있습니다.

다만 1968년에 핵확산금지조약(NPT)이 체결되어(1970년 발효) 그 시점에서 핵을 보유한 나라만 보유를 허용하고 그 외의 나라는 허용하지 않는 핵비확산 체제가 만들어졌습니다. 핵을 보유하지 않은 나라의 입장에서는 '차별'이라며 불만을 낳을 수 있는 체제였는데, 어쨌든 비핵보유국이 핵을 갖지 않도록 감시하는 기관도 지명되었습니다. 바로 1957년에 설립된 국제원자력기구(IAEA)입니다. 유엔 기관은 아니지만 밀접한 연계가 있어 유엔의 일부라고 봐도 될 것입니다.

하지만 그렇게 되자 유엔이 간접적으로 핵비확산 체제를 유지하는 형태가 되어, 불만을 품은 나라는 '유엔이 차별적인 체제를 지원하고 있다'고 생각하게 되었습니다. 1971년에는 중국(중화인민공화국)이 대만을 대신하여 유엔의 의석을 차지했습니다. 이로써 안보리 상임이사국은 모두 '공인된' 핵보유국만으로 구성되는 유엔 체제가 확립되었습니다.

핵본위제

..

유엔의 상황만이 원인은 아니었지만, 냉전 시대의 세계는 미국과 소련의 핵 군비확장 경쟁을 축으로 점차 핵무기 쪽으로 기울었습니다. 미국과 소련의 대립은 이데올로기적인 요소가 중요했던 시기도 있었습니다. 반대로 이데올로기적인 요소는 약해지고 그만큼 "어떤 궁극의 목적을 위한 수단이라기보다는 힘(power) 그 자체의 자기 운동에 수반되는 대립"(사카모토 요시카즈 저작집 5『핵 대결과 군축核対決と軍縮』)이었던 시기도 있었습니다. 어느 쪽이든 핵무기를 보유하는 것 자체에 가치가 있다는 가치관을 세계에 확산시키는 결과를 낳기는 했습니다. 핵 보유를 추구하는 것이 마치 정상이기라도 한 듯한 상황이 전개되면서, 실제로 몇몇 나라가 핵 무장을 추진하기 시작했습니다.

이렇게 핵무기의 정통성을 의심하기는커녕 오히려 핵 보유가 국격을 높인다고 보는 가치 체계를 핵본위제(nuclearism)라고 합니다. 한때 세계는 이런 가치 체계에 현혹되었습니다. 아니, 여전히 그런 나라들이 남아 있다고 해야겠지요.

핵본위제의 근저에 있는, 핵을 정통화하는 논거는 첫 번째 이야기에서도 살펴봤던 핵 억지론입니다. 냉전 시대에는 이 핵 억지론이 냉전 특유의 현상이라고 보는 사람이 적지 않았던 것 같습니다. 즉, 많은 나라들이 핵무기에 열을 올리도록 만드는 핵 억지론은 냉전 대립의 산물인 만큼, 냉전이 끝나면 핵 억지론은 없어지고 세계의 비핵화 기회는 늘어날 것으로 본 것이지요.

하지만 실제로는 그렇지 않았습니다. 핵 강대국은(보유한 탄두 수를 다소 줄이기는 했지만) 여전히 핵을 정점으로 하는 군비 체계를 포기하려 하지 않습니다. 이를 쫓아가기라도 하듯이 인도와 파키스탄이 핵실험을 하고 이란과 북한이 핵을 보유하려는 움직임을 보였습니다. 비핵의 길은 쉽게 열리지 않고 있습니다.* 아마 냉전이 끝나도 변하지 않는 어떤 요인이 있기 때문이겠지요.

핵군축 없는 핵비확산

..

우선 NPT 체제가 완벽하지 않다는 것이 한 요인입니다. 핵무기가 전 세계에 확산되는 것보다는 그렇지 않은 편이 낫다는 점에서 NPT 체제에는 나름의 의의가 있지만, 핵보유국이 핵 군비를 축소하지 않으면 단순한 차별 구조라고 받아들여질

---

* 북한은 2006년 최초의 핵실험 이후 2017년에는 제6차 핵실험을 강행하며 핵개발을 추진해왔다. 그러나 2018년, 김정은 위원장은 평창올림픽에 북한 대표단을 파견하고 친서를 통해 문재인 대통령에게 방북을 요청했다. 그리고 2018년 4월 27일, 11년 만의 남북 정상회담이 판문점에서 개최되었다. 문재인 대통령과 김정은 위원장은 공동 발표한 '한반도의 평화와 번영, 통일을 위한 판문점 선언'에서 완전한 비핵화를 통해 핵 없는 한반도를 실현한다는 공동의 목표를 확인했다. 뒤이어 6월 12일 개최된 최초의 북미 정상회담에서 북한은 판문점 선언을 재확인하고, 한반도의 완전한 비핵화를 향한 작업을 위해 노력할 것을 약속했다(역자 주).

수 있는 체제이기도 합니다. 핵확산금지조약 제6조에는 핵군축 **을 위한 협상**이 의무화되어 있지만, 전혀 진전이 없다 보니 '핵 군축 없는 핵의 비확산'을 강요하는 체제에 그치고 맙니다. 그렇다고 '그러니까 우리도 핵무장을 하겠다'고 나오는 것은 옳은 일이 아닙니다. 하지만 불평등에 대한 반발이 언젠가는 그런 식으로 분출될 가능성도 부정할 수 없지요. 제6조를 실천하지 못하면 NPT 체제가 붕괴될 것이라고 우려하는 목소리가 많은 이유는 이 때문입니다.

또 하나는 섬멸의 사상이 여전히 사라지지 않았다는 요인을 들 수 있습니다. 언젠가는 싸우게 될지도 모르고, 싸우면 상대를 무찌를 준비도 해야 하며, 그러려면 핵무기가 가장 효율적이라는 생각입니다. 특히 '테러와의 전쟁'을 포함한 '새로운 전쟁'의 시대에는 '정의'와 '악'이 충돌하는 구도가 형성되기 쉽기 때문에(이른바 '테러'를 하는 쪽도 '테러와 맞서는' 쪽도 똑같이 생각하고 있습니다), 각자 궁극의 무기를 가지고 있지 않으면 안심할 수 없습니다. 이는 단순히 군사적 안보의 문제가 아닙니다. 정말 그토록 빼도 박도 못하는 대립 관계로 가야 하는 이유가 있는가, 있다면 그것을 어떻게 진정시킬 수 있는가라는 정치의 문제입니다.

다만 전 세계가 핵본위제의 광기에 사로잡혀 있지는 않습니다. 핵군축을 위해 한결같이 힘쓰고 있는 NGO와 국가들도 있으며, 비핵 지대(혹은 비핵무기 지대)도 냉전 시대부터 꾸준히 확대되고 있습니다. 이미 성립된 곳으로는 라틴아메리카 비핵무기 지대(1968년 성립), 남태평양 비핵 지대(1986년 성립), 동남아시아 비핵무기 지대(1997년 성립)가 있고, 아프리카 비핵무기 지대(2009년 성립)가 있습니다. 이런 흐름을 발판 삼아 섬멸의 사상을 극복해나가는 것이 핵 없는 세계로 나아갈 수 있는 유일한 길이겠지요.

일곱 번째 이야기: 핵과 섬멸의 사상

3

핵무기는
사용해도 되는가

명확하지 않았던 규정

..

실제로는 쓸 수 없는 '궁극의 무기'인 핵무기는 국제인도법에
어떻게 규정되어 있을까요? 가령, 국제인도법에 따르면 인체를
관통하지 않는 탄환의 사용도 금지됩니다. 독화살 같은 원시적
인 무기도 금지됩니다. 이 정도의 무기조차 금지된다면 막대한
파괴력을 가진 핵무기는 당연히 사용이 금지될 것이라고 많은
분들이 생각하실 겁니다.

하지만 언뜻 당연하게 보이는 규칙이 사실은 오랫동안 당연
하지도 명백하지도 않았습니다. 적어도 1995년까지는 그랬습
니다. 독화살조차 금지되는데도 핵무기가 금지된다고 단언할

수 없었던 이유는 지금까지 마련된 어떤 조약에도 핵무기 **그 자체**를 가리켜 금지한 규칙이 없기 때문이었습니다. 핵의 사용이 유엔 헌장에 위반되며 반인도적 범죄라고 지적한 유엔 총회 결의는 몇 건 있었지만, 총회 결의에는 법적 구속력이 없다는 이유로 그것만으로는 핵 사용을 위법화할 수 없다고 여겨왔습니다.

하지만 1996년에 이 문제에 하나의 방향성이 주어졌습니다. 국제사법재판소가 권고적 의견에서 "핵무기의 사용은 원칙적으로 위법이다"라는 판단을 제시했기 때문입니다. 권고적 의견이란 유엔 총회나 안보리 등의 요청에 따라 국제법의 해석과 적용 방식에 관해 국제사법재판소가 답변하는 제도입니다. 총회의 요청에 답한 이 의견에서 재판소는 핵무기에 의한 위협과 핵무기의 사용은 일반적으로 국제인도법의 원칙과 규칙에 반한다고 결론지었습니다.

국가의 존망이 걸린 극한 상황에서 자위 목적으로 핵을 사용하는 일은 합법이라고도 위법이라고도 단정할 수 없다고 했지만, 그럼에도 원칙적으로 위법이라는 판단을 제시한 것은 국제인도법의 일관성을 유지하는 획기적인 사건이었다고 봐야 합니다. 비전투원을 절대로 공격하면 안 되고 인간에게 불필요한 고통을 주면 안 된다는 원칙이 있는데도 이런 두 가지 대원칙을 모두 어기는 핵무기의 사용을 합법으로 본다면, 국제인도법의 근본 원리가 어디에 있는지 전혀 알 수 없게 되었을지도 모르기 때문입니다.

'공포로 평화를 유지할 수는 없다'

··

국제사법재판소에서는 격렬한 논쟁이 벌어졌습니다. 당시 나온 의견들도 몇 가지 점에서 판단이 갈렸습니다. 그중 핵무기 사용의 위법성을 특히 강력히 주장한 재판관이 스리랑카 출신의 크리스토퍼 위라만트리입니다. 핵보유국이 껄끄럽게 여기는 인물이었던 그는 이 문제에 전력을 기울이며 89쪽에 이르는 '반대 의견'을 작성했습니다. 반대 의견이라고 하면 핵무기 사용을 위법으로 보는 데 반대하는 것처럼 들릴 수도 있지만, 재판소의 의견은 너무 약하며 자위의 경우도 포함하여 핵 사용은 위법이라고 봐야 한다는 취지의 '반대'였습니다.

이 반대 의견에서 위라만트리 재판관은 핵무기가 있었기에 제2차 세계대전 후 세계 평화가 유지되었다는 주장을 반박하며 다음과 같이 말했습니다.

"행여 그 주장이 옳다 해도 핵 사용이 합법인지 위법인지를 따지는 문제의 판단과 그 주장은 거의 관계가 없다. 전쟁에 관한 인도적 제(諸) 원칙에 반하는 무기는 위법이다. 설령 그 무기에 압도적인 공포감을 불러일으켜 상대를 억지하는 심리적 효과가 있다 해도, 그런 사실만으로는 핵을 사용한다며 위협하는 일이 합법이

되지는 않는다. 이 재판소는 공포에 기초를 둔 안보에 면죄부를 줄 수 없다."

그리고 위라만트리 재판관은 이렇게 말합니다.

"공포로 안전을 확보한다는 것은 무엇인가. 1955년 윈스턴 처칠이 영국 하원에서 했던 명언을 빌려 말하면, '안보는 공포의 부산물이며, 인류의 생존은 인류 절멸의 또 다른 반쪽'이라는 기묘한 상황에 우리가 빠져 있다는 것이다. …… 하지만 이 재판소가 유지해야 할 책무를 지는 것은 법의 지배이지 힘의 지배나 공포의 지배가 아니다."

핵 사용과 핵에 의한 위협이라는 문제가 단순히 한 무기의 합법, 위법 문제에 그치지 않고 법의 지배냐 힘의 지배냐를 묻는 법 질서의 근본적 성격과도 관련되어 있다는 점을 잘 파악한 말입니다.

'법 앞에 무기는 침묵하는'가

이렇게 국제사법재판소는 핵 사용과 핵에 의한 위협이 일반적으로 위법이라는 의견을 제시했습니다. 심리 당시 일본에서 히로시마 시장과 나가사키 시장이 증언을 위해 출석했습니다.

모두 배려심 넘치면서도 조리에 맞는 설득적인 증언이었고, 특히 히라오카 다카시 히로시마 시장(당시)의 증언 후 모하메드 베자위 재판장이 "감동적인 진술이었습니다"라고 말하는 이례적인 일도 있었습니다(히라오카 다카시, 『희망의 히로시마希望のヒロシマ』, 1996)

다만 유엔 총회 결의처럼 권고적 의견은 법적 구속력이 없습니다. 따라서 국가들이 이 의견이 제시한 판단에 따를지는 예측하기 매우 어렵습니다. 실제로 이 권고적 의견이 제시된 지 꽤 오랜 시간이 흘렀지만, 이렇게 획기적인 판단도 해가 갈수록 존재감이 약해지는 듯합니다.

그럼에도 만약 어떤 나라가 핵무기를 사용하여 히로시마나 나가사키에서 있었던 것 같은 참사를 일으킨다 해도 '그 나라가 필요하다고 판단했으니 어쩔 수 없다'며 국제법이 눈감아주리라는 보증은 없어졌다고 봐야겠지요. 특히 세 번째 이야기에서 살펴봤던 국제인도법 위반 사항을 재판하는 재판 제도가 더욱 강화되면 핵무기 사용 문제도 현실의 재판에서 다뤄질 가능성은 높아질 것입니다. '무기 앞에 법은 침묵하는' 것이 아니라 '법 앞에 무기는 침묵'해야 합니다.

"인간 존재 하나하나가 무엇에
의해서도 분쇄되지 않는 날이"

..

　일곱 번째 이야기의 처음에 소개한 하라 다미키는 1951년에 자살했습니다. 꼭 원폭 후유 장애가 주된 원인은 아니었던 모양이지만, 그가 죽기 전에 남긴 것으로 보이는 작품『심원의 나라 心願の国』에는 히로시마에서 그와 이웃들을 덮친 비인도성을 뿌리치고 그것을 대신할 무언가가 올 날을 간절히 기다리는 한결같은 마음이 새겨져 있는 듯합니다.

　깜박 잠이 들 뻔했던 그는 느닷없이 머리에 전류가 흐르는 듯한 충격을 느낀 뒤 "원폭이 떨어진 그날 아침 한순간의 기억이 이제야 내게 덮쳐오는 것일까"라고 스스로 묻습니다. "그때의 충격이 나 그리고 나 같은 피해자들을 언젠가는 미치게 만들려고 늘 어딘가에 도사리고 있는 것일까." 그리고, 영원한 잠 앞의 희망을 말합니다.

　"문득 나는 잠 못 이루는 잠자리에서 지구를 상상한다. 밤의 차가움은 자꾸만 내 잠자리로 침입해온다. 나의 몸, 나의 존재, 나의 핵심, 어째서 나는 지금 이토록 차가운가. 나는 나를 생존시키는 지구를 불러본다. 그러자 지구의 모습이 어렴풋이 내 안에 떠오른다. 가련한 지구, 식어버린 대지여. 그러나 그것은 내가 아직 알지 못하는 수억만 년 후의 지구인가 보다. 내 눈 앞에는 다시금 어스

레한 한 덩어리의 또 다른 지구가 떠오른다. 그 원구 안의 중핵에는 새빨간 불덩어리가 꿈틀대며 소용돌이치고 있다. 그 용광로 속에는 무엇이 존재할까. 아직 발견되지 않은 물질, 아직 떠올려진 적 없는 신비, 그런 것들이 뒤섞여 있을지도 모른다. 그리고 그것들이 일제히 지표에 분출될 때 이 세상은 대체 어떻게 될까. 사람들은 모두 지하의 보고를 꿈꾸고 있을 터, 파멸인지, 구제인지, 무엇인지 알 수 없는 미래를 향해…….

하지만 한 사람 한 사람의 마음속에 고요한 샘이 솟아오르고, 인간 존재 하나하나가 무엇에 의해서도 분쇄되지 않는 날이, 그런 조화(調和)가 언젠가는 지상에 찾아오기를 나는 아주 오래전부터 꿈꾸어 왔던 것 같다." (하라 다미키, 『심원의 나라』)

이렇게 작가는 인간 존재의 대체 불가능성을 굳게 지지함으로써, 핵에 의한 섬멸의 사상을 담담하고 결연하게 물리쳤습니다. 이런 인간 중심의 리얼리즘에 비하면 국가 간의 파워 게임만을 주목하는 리얼리즘이야말로 '인간'을 잊어버린 피상적인 논의라고 하지 않을 수 없습니다.

절망에서 화해로

타인을 가두어서는 안 된다

(사진 제공: 마이니치신문사)

이스라엘은 요르단 강 서안 지구에 분리 장벽을 세웠다.

1

잇따른 비극

어쩔 수 없이 흩어지는 사람들

..

구 유고 연방이 분열되고 내전이 시작된 1991년, 스페인을 출발하여 아메리카 대륙을 향해 카리브 해를 항해한 프랑스 인이 있었습니다.《르 몽드》지의 기자인 에드위 플레넬입니다. 500년 전쯤인 1492년에 콜럼버스가 항해했던 궤적을 그대로 따라가보자는 장대한 계획이었습니다. 관광을 하려는 여행은 아니었습니다. 콜럼버스의 항해는 백인이 세계를 지배하기 시작한 계기라고도 하는데, 그때 들렀던 나라들의 사회가 500년 뒤에 어떻게 변했는지 관찰해보려는 것이었습니다.

멀리 카리브 지역까지 갈 필요도 없이 플레넬은 과거를 돌이

켜볼 수밖에 없었습니다. 스페인의 항구 파로스를 출항할 때부터 500년 전에 일어난 일을 뼈저리게 느낄 수 있었던 것입니다. 콜럼버스가 출항한 8월 3일, 많은 유대인을 태운 마지막 배가 스페인 각지에서 '영원한 망명'의 길에 올랐다는 사실이었습니다. 그해 유대인 추방 칙령이 내려졌습니다. 영국은 1290년, 프랑스는 1306년에 유대인을 추방했으니 스페인의 조치로 유럽에서 유대인을 추방하는 작업이 거의 완성된 셈입니다.

여러 방문지에서 플레넬은 콜럼버스의 신대륙 '발견'을 계기로 유럽이 전쟁, 미지의 질병, 노예화를 가져다줌에 따라 여러 사회가 괴멸적인 타격을 받았고, 소멸해버린 곳도 있다는 사실을 목격했습니다. 그리고 그는 이렇게 결론짓습니다. "이번 방랑 여행에서 발견할 수 있었던 메시지는 진보를 구가하던 금세기(20세기, 저자 주)에 인간이 품은 고뇌의 문제가 사라지는 일은 결코 없었다는 것이다." (E. 플레넬, 『콜럼버스와 함께한 여행 *Voyage avec Colomb*』)

고뇌와 절망은 유럽에서 추방되어 각지를 전전할 수밖에 없었던 유대인들의 처지 속에 여전히 남아 있습니다. 그런데 안타깝게도 그 후 20세기 들어 이번에는 유대인들 때문에 정착지에서 쫓겨나거나 유랑민이 되고, 또는 점령된 곳에서 고립되어 절망에 빠진 민족이 생겼습니다. 바로 팔레스타인 인들입니다. 여덟 번째 이야기에서는 이 이스라엘-팔레스타인 문제를 주축으로 평화 문제를 생각해보겠습니다. 문제 자체가 심각하기 때문만은 아닙니다. 이 문제를 해결하지 않으면 풀리지 않는 다른 문제들이 세계에 여럿 있기 때문입니다.

고뇌의 산맥

..

인류의 고뇌가 끊이지 않는다는 플레넬의 말에 가장 먼저 떠오르는 것은 1985년 당시 리하르트 폰 바이츠제커 서독 대통령이 연방 의회에서 했던 패전 40주년 기념 연설의 한 대목입니다. 연설에서 바이츠제커는 나치 독일에 희생된 많은 사람들, 독일의 전후 복구 과정에서 고초를 겪어야 했던 사람들을 떠올리며 "헤아릴 수 없이 많은 죽은 이들의 옆에 인간이 품은 고뇌의 산맥이 이어지고 있습니다"라고 했습니다(『황야의 40년荒れ野の40年』, 1986). 특히 대량 학살을 당한 유대인에게 진심으로 사죄했습니다. 그 진실함과 용기는 전 세계 많은 사람들에게 감명을 주었습니다.

아직 남아 있던 동독 의회도 몇 년 뒤 유대인에 "용서를 구한다"라는 가장 강도 높은 표현으로 사죄를 표명했습니다. 냉전이 종식될 조짐이 보이기 시작하고 화해를 원하는 목소리도 넘쳐나 세계에 희망이 보이던 몇 년간이었습니다.

유대인이 겪은 비극이 이토록 사죄해야 할 일이었다는 사실은 새삼 말할 필요도 없습니다. 600만 명에 이르는 사람들이 사망했다고 추산하면 그저 통계일 뿐이지만, 그 이면에는 무엇과도 바꿀 수 없는 한 사람 한 사람의 인생이 있었습니다. 클로드 란츠만 감독의 걸작인 다큐멘터리 영화〈쇼아〉를 보시면 그 인생이 어떤 것이었는지 잘 아실 수 있을 겁니다. 10시간에 이르는 긴 영화라 보기 만만치 않지만, 희생된 600만의 인생 하나하나가 얼마나 안타깝게 사라졌는지 잘 전해줍니다.

왜 이런 박해가 자행되었는지, 그것도 홀로코스트를 하나의 정점으로 몇 세기나 차별과 배제가 계속되었는지는 그 자체만으로 커다란 주제이므로 여기서 자세히 다룰 수는 없습니다. 다만 프랑스의 철학자 장 프랑수아 리오타르는 기독교 유럽에서 유대인이란 "순치(馴致)할 수 없는 자", 즉 온순하게 길들일 수 없는 자였다고 설명했습니다(J. F. 리오타르『하이데거와 '유대인' *Heidegger et "les juifs"*』). 길들일 수 없으니 두려워한다, 혹은 가차 없이 학대하게 된다는 말입니다. 요컨대 '이질적인 타자를 배제하는 것'으로, 가장 손쉬운 '평화를 파괴하는 법'이라고 할 수 있겠습니다.

이스라엘 건국

··

어쨌든 유대인들은 비극을 극복합니다. 그 후 이번에는 10세기 넘게 계속된 유랑 생활에 종지부를 찍고 드디어 자신들의 국가를 세우려 하게 되었습니다. 하지만 아무도 없는 토지가 있을 리 없으니 살고 있는 사람들을 내보낼 것을 무릅쓰고 어딘가에 국가를 세울 수밖에 없었습니다. 그 장소를 이미 오랫동안 사람이 살고 있던 팔레스타인으로 해도 좋다고 약속한 나라가 제1차 세계대전 당시의 대국 영국이었습니다('밸푸어 선언'). 영국은 그에 따라 유대인 조직에게 전쟁에 협력하겠다는 약속을 받았습니다.

유대인들은 19세기부터 팔레스타인에 정착해왔지만, 이 약속을 근거로 제2차 세계대전 조금 전부터 본격적으로 정착하게 되었습니다. 그 무렵부터 팔레스타인 인과 유대인의 충돌도 시작되었습니다. 그리고 종전 후 1947년에 유엔 총회가 '팔레스타인 분할 결의'를 채택하여 유대인의 국가 건설과 아직 자신들의 국가가 없던 팔레스타인 인의 국가 건설을 인정했습니다. 유대인은 이듬해 1948년에 이스라엘 건국을 선언합니다.

유대인의 입장에서는 차별과 학살을 이겨내고 겨우 안주할 땅을 얻게 된 것이겠지만, 팔레스타인 인 입장에서는 자신들의 토지를 빼앗긴 셈이겠지요. 이리하여 팔레스타인 난민이 발생하고 제1차 중동 전쟁이 일어났습니다. 팔레스타인을 비롯한 아랍 세계와 이스라엘 사이의 긴 투쟁이 시작된 것입니다.

그 후 1967년에 제3차 중동 전쟁이 일어나 이스라엘은 1947년 분할 결의에서 할당받지 않았던 요르단 강 서안과 가자 지구를 점령했습니다. 점령을 계속하여 이스라엘 인 '입식자(入植者)'를 보내 정착시켰습니다. 2005년에 간신히 가자 지구에서는 철수하기로 했지만* 요르단 강 서안의 상황은 여전합니다.

217

이스라엘의 점령을 유엔 안보리는 위법으로 보고 이스라엘의 철수를 요구하고 있습니다. 하지만 이스라엘을 강력히 지지하는 미국이 이스라엘에 비판적인 결의안에 대해 중요한 순간마다 거부권을 행사하기 때문에 더 엄격한 조치는 전혀 취하지 못하는 상황입니다. 위법적인 점령에 맞서 팔레스타인 과격 세력이 무력투쟁에 나서기도 하고(모든 팔레스타인 인이 그런 것은 아닙니다) 이스라엘의 탄압도 때때로 도를 넘지만, 그럼에도 안보리가 구체적으로 손을 쓰지는 않는 것입니다.

* 그러나 2007년 팔레스타인 무장 정파 하마스가 집권한 뒤 이스라엘은 가자 지구를 봉쇄했다(역자 주).

여덟 번째 이야기: 절망에서 화해로

2

절망하는 사람들

국제법을 위반한 점령
..

이스라엘이라는 국가는 1948년 건국 이래 무력으로 유지되어 왔습니다. 1967년부터는 '무력으로 점령을 계속한다'는 요소도 더해집니다. 무력으로 점령을 계속할 뿐 아니라 국제법으로 금지된 입식을 실시하고 있습니다. 즉, 점령지에 많은 이스라엘인을 정착시키는 것입니다. 애초에 안보리가 위법으로 본 점령이므로 이 정책은 이중으로 위법입니다.

1967년 이후 점령이 계속되면서 얼마나 많은 사람들이 폭력을 당하고, 얼마나 많은 희생이 초래되었는지에 대해서는 지금까지도 수없이 보고되었습니다. 인권 NGO 국제앰네스티의

2004년판 연례 보고에 따르면 2003년도 한 해 동안 이스라엘 군에게 팔레스타인 인 약 600명이 살해당했습니다. 이렇게 말하면 '테러리스트인가' 하고 생각하시는 분이 많을 수도 있지만, 결코 그렇지 않습니다. 600명의 대부분이 무기를 소지하지 않은 일반 시민이며, 그중 100명은 아이였습니다. 앰네스티의 보고는 이들이 마구잡이 총격과 포격으로 목숨을 잃었다고 분석합니다. 더욱이 길에서 '처형'되어 죽은 사람도 90명에 이릅니다.

그 밖에 공공 시설이나 주거지도 자주 파괴됩니다. 그리고 잘 알려진 '검문'이 있습니다. 점령 지역 여기저기에 검문소가 있어 팔레스타인 인의 통행을 방해하는 것입니다. 이스라엘은 테러리스트를 단속하기 위해서라고 주장하지만, 팔레스타인을 잘 아는 사람들의 이야기로는 임신부나 통학 중인 아이들까지 긴 시간을 기다려야 해서 출산에 지장이 생기거나 학교에 가지 못하는 등 서민들은 견디기 어려운 상황에 놓여 있다고 합니다. 오고 가는 길에 옷을 벌거벗기는 경우까지 있어 무엇보다 수치스러운 일이라는 이야기도 들었습니다.

이스라엘 측에서도 사망자와 부상자는 나옵니다. 앰네스티의 보고에 따르면 2003년에는 병사 약 70명, 21명의 아이를 포함한 일반 시민이 약 130명 살해되었습니다. 대부분 팔레스타인 과격 세력의 자폭 공격에 따른 것으로 일반 시민의 사망자는 대부분 이스라엘 국내에서, 병사의 사망자 대부분이 점령 지역에서 살해됩니다.

절망을 주고받는 일

..

이스라엘의 점령 정책은 지난 2000년대 초반 이후 몇 년 사이에 더욱 가혹해졌다고 볼 수 있습니다. 과격 세력의 자폭 공격에 신경을 곤두세우는 것이겠지만, 그렇더라도 어째서 점령지 주민을 이토록 폭력적으로 다루어야 하는지 이해하기 어려운 조치가 너무 많은 듯합니다. 팔레스타인의 일부 과격 세력도 자폭 공격을 늦출 기미는 보이지 않습니다. 그중 이스라엘 일반 시민을 노린 공격은 '테러'라고 불려도 할 수 없습니다.

이는 절망을 주고받는 일입니다. 한편 이스라엘은 팔레스타인뿐 아니라 주변 국가들과 공존하면서 국가를 존속시키는 데 처음부터 절망하고 있기도 합니다. 팔레스타인의 많은 사람들도 점령과 지배가 언제 끝날지 알 수 없는 현실에 절망하고, 자신들을 도우려 하지 않는 국제사회에도 절망을 느끼고 있습니다. 그런 팔레스타인 사람들 중 과격한 일부 세력이 자포자기라도 한 듯이 자폭 공격으로 치닫는 양상을 보였습니다.

특히 자폭 공격에 나서지도 않고 조상의 땅에 유폐된 듯이 점령된 상황을 그저 견디고 있는 많은 일반 팔레스타인 인의 절망은 더없이 깊을 것입니다. 가령 이스라엘의 작가 다비드 그로스만의 기록을 보아도 분명 그렇습니다. 팔레스타인 인의 입장에도 공감을 표하는 그로스만은 1987년 팔레스타인의 난민 캠프에서 팔레스타인 인들과 대화하며 그들의 모습을 자세히 관찰했습니다. 그리고 무엇도 기대하지 않고 바라지 않게 된 팔레스타인 인들이 마치 이렇게 마음먹은 듯하다고 썼습니다. "우리는 변함없이 이대로 있을 뿐이다. 더 나은 생활을 하려고도 생각지 않는다. 그저 콘크리트를 뒤덮은 저주처럼, 적 앞에서 꼼짝도 않을 것이다."

여권 여러 장

..

점령 지역에서 온 팔레스타인의 젊은 지식인과 이야기를 나눌 기회가 있었습니다. 무력투쟁을 하고 있지는 않지만, 이스라엘에 전혀 신뢰를 가지고 있지 않다고 단언하는 사람입니다. "서로 어떻게든 폭력을 멈추고 대화해볼 가능성은 없습니까?"라고 몇 번이나 물었지만, "무리일 겁니다"라며 생각을 바꾸지 않았습니다. "저주처럼 적 앞에서 꼼짝도 않을 것"이라는 결심은 바로 이런 것이라고 실감했습니다. 짐령과 지배가 오랜 기간 계속되면서 진정으로 고통스러워하고 있다고 느꼈습니다.

그럼에도 대화를 마칠 즈음에는 "전쟁을 대신할 무언가가 필요하다"는 말만은 해주었습니다. 그런데 헤어질 무렵에 놀라운 일이 있었습니다. "재밌는 걸 보여드리죠"라며 핸드백에서 몇 가지 신분 증명서와 여권을 꺼낸 것입니다. 점령 지역 내에서 이동할 때 소지하는 통행증("이게 없으면 단 하루도 살 수 없다"고 합니다)을 시작으로 이스라엘 여권, 요르단 여권을 꺼냈습니다. 더 있는 듯했는데, 사실상 지배를 하고 있는 나라(이스라엘), 밀접한 관계에 있는 나라(요르단) 등이 저마다 여권을 발행한다고 합니다. 현실적으로도 이런 신분증을 소지하지 않으면 외국에 갔다가 집에 돌아오지도 못하겠지요. 그 사람이 얼마나 힘든 상황에 처해 있는지 엿볼 수 있었습니다.

3

절망하지 않는 사람들

양심에 따르는 삶

..

1940년대부터 준(準)전시 상태가 지속되고 1960년대부터 점령이 계속되는 상황 속에서 절망하고 자포자기하는 사람들이 있는 한편, 절망을 거두고 화해를 위해 계속 노력하겠다고 결심하며 실천하는 사람들도 있습니다. 다비드 그로스만의 말을 빌리면 "절망하고 상대를 미워하기만 하는 사람은 되지 말자고 다짐하는" 사람들입니다.

팔레스타인 인과 유대인의 공동 작업소를 만들어 수공업품을 공동으로 제조하고 판매하는 사람들, 중학교와 고등학교에서 종종 공동 수업을 실시하는 사람들, 고등학생들의 대화 모임을 여는 사람들이 있습니다. 점령을 종결하도록 더욱 직접적으로 요구하는 팔레스타인과 이스라엘 여성들의 연합 운동 단체도 생겼습니다. 모두 아직 소규모이며 팔레스타인 전체의 평화로 이어지려면 갈 길이 멀 것입니다. 하지만 이렇게 포기하지 않고 화해를 향해 계속 노력하는 사람들이 없다면 평화의 토대도 만들어질 수 없습니다.

이스라엘 국내에서 현 상황의 변혁을 요구하는 풀뿌리 운동이 2000년대 들어 부상하기 시작했습니다. 한 예로, 2001년 고등학생을 중심으로 남녀 62명의 청년들이 군 형무소에 수감될 각오를 하고 병역을 거부한 일이 있었습니다.

고등학생들은 샤론 총리 앞으로 병역을 거부하겠다는 뜻을 전하는 편지를 썼습니다. 자신들은 이스라엘 국가에 의한 토지 수용, 재판 없는 처형, 가옥 파괴 등의 인권 침해에 반대한다고 쓰고, 이어서 이런 내용도 담았습니다.

"이런 행위는 옳지 않을 뿐 아니라 이스라엘 시민이 더 안전하게 지낼 수 있도록 하겠다는 본래의 목적에도 전혀 도움이 되지 않습니다. 우리의 안전은 오직 이스라엘 정부와 팔레스타인 인민 사이에 공정한 평화 협정을 맺음으로써 획득할 수 있습니다.

따라서 우리는 양심에 따라 팔레스타인 인민에 대한 억압 행위에 참여하기를 거부합니다. 이런 억압 행위는 오히려 테러 행위라고 부르는 편이 적절하기 때문입니다."

고등학생이라고는 생각할 수 없을 만큼 탄탄한 논리입니다. 무엇보다도 큰 용기가 필요했겠지요. 실제로 청년들은 '배신자', '비겁한 자'라며 비난을 받았을 뿐 아니라 그 뒤에 차례로 군의 재판에 회부되어 유죄 판결을 받고 수감되었습니다. 한편으로는 이스라엘 국내에 지지자도 조금씩 많아지는 듯합니다만, 청년들의 우직한 열의에 국제사회가 어떻게든 응답할 방법은 없을까요.

병사의 임무 거부

..

2003년 9월에는 예비역을 중심으로 이스라엘 공군 파일럿 27명이 팔레스타인의 일반 시민에게 해를 입히는 작전 행동을 거부하는 사태도 일어났습니다.* 그들은 공군 사령관 앞으로 보낸 편지에 자신들은 시오니즘(유대 국가 건설 운동)을 지지하고 이스라엘을 사랑하며 이스라엘을 지키고 싶지만, 무고한 시민을 공격하고 싶지는 않다고 썼습니다. "그런 행위는 위법이자 부도덕하며, 이스라엘 사회 전체를 좀먹는 점령이 초래한 것입니다. 점령의 영속화야말로 이스라엘의 안전과 강한 도덕성에 치명적인 타격을 입히고 있습니다."

---

* 비도덕적 군사명령을 따를 수 없다며 팔레스타인 가자 지구 민간인 거주지에 대한 공습을 거부하는 탄원서를 제출했다(역자 주).

여덟 번째 이야기: 절망에서 화해로

서명한 군인 중 한 사람은 인터뷰에서 "이스라엘 시민은 팔레스타인 인에게 보복하라고 외치지만, 보복은 마피아가 하는 일이지 우리 공군 파일럿의 임무가 아니다"라고 말했습니다. 국제사회는 이들의 양심에도 응답해야 합니다.

절망하는 사람들에게도, 절망하지 않고 평화를 추구하는 사람들에게도 국제사회가 구원의 손길을 내밀 수는 없는 것일까요. 이스라엘의 점령과 그에 맞서는 자폭 공격도 이제는 방치할 수 없을 만큼 비인도적이 되고 있습니다. 최종적으로 도달해야 할 답은 객관적으로 명백하다고 할 수 있습니다. 과거에 그토록 (팔레스타인 인에게 받은 것은 아니지만) 박해받았던 유대인의 생존권도 인정하고 팔레스타인 인의 생존권도 정당하게 회복시켜야 한다는 것입니다.

그럼에도, 앞서 살펴봤듯이 미국이 이스라엘 지지 일변도의 자세를 바꾸지 않는다는 이유도 있어 유엔 안보리도 실효적인 대책을 세우지 못했습니다(미국도 무대 뒤에서는 이스라엘에 강경한 태도로 행동을 바꾸라고 요구하는 경우가 있습니다). 이런 사실은 잘 알고 있지만, 이번에야말로 제대로 대책을 세워야 하지 않을까요.

구체적으로는 유엔 평화유지군 같은 조직을 파견하여 폭력을 주고받는 일만이라도 막는 것을 예로 들 수 있습니다. 평화유지군의 성격을 띤 조직을 파견하자고 코피 아난 사무총장이 2002년에 제안한 적이 있지만, 어느새 흐지부지되어버렸지요.

다섯 번째 이야기에서 인도적 개입에 관한 이야기를 했습니다만, 국제사회가 진정으로 인도적 목적으로 개입한다면 팔레스타인만큼 적합한 장소는 없을 것입니다. 물론 '전쟁'을 동반한 개입은 아닙니다. 그 지역에는 이제 더 이상 전쟁은 필요하지 않습니다.

여덟 번째 이야기: 절망에서 화해로

4

에드워드 사이드와
다니엘 바렌보임

보편적 인권을 위해

··

2003년 이스라엘에서 공군 병사 27명이 임무 거부 성명을 낸 다음 날, 한 팔레스타인 인이 세상을 떠났습니다. 뉴욕 시 컬럼비아 대학교 교수였던 에드워드 사이드입니다.『오리엔탈리즘 *Orientalism*』,『문화와 제국주의 *Culture and Imperialism*』같은 저서로 잘 알려져 있습니다. 미국에서 오랫동안 생활했고 미국 시민권을 가지고 있었지만, 마지막까지 팔레스타인 인으로서 팔레스타인 문제로 고심하고 발언을 계속한 사람이었습니다.『팔레스타인 문제 *The Question of Palestine*』라는 대작도 있습니다.

에드워드 사이드는 팔레스타인 인이었으므로 일관된 자세로 팔레스타인 인의 권리를 옹호했습니다. 특히 미국에서 팔레스타인 인이라고 하면 "아, 테러리스트?"라는 반응이 돌아오는 현실에 절망적인 분노를 표명하곤 했습니다. 그리고 그들의 자폭 공격이 9. 11테러와 꼭 같다고 생각되기 일쑤이고, 적어도 미국에서는 그렇다는 현실에 사람들의 몰이해를 한탄했습니다. 즉, 팔레스타인 문제의 근원에는 팔레스타인 인이 철저히 박탈당하고 억압받아 왔다는 점이 있다는 주장입니다. 또한 많은 팔레스타인 인이 자폭 공격을 비난하고 있다는 점을 왜 무시하느냐는 항의이기도 했습니다.

그런데 사이드의 대단한 점은 편협한 민족주의가 아닌 보편적인 인간의 권리라는 관점에서 팔레스타인을 옹호했다는 것입니다. 그는 아우슈비츠 이후 유대인인지 여부를 묻는 물음은 의미를 잃었다고 말했습니다. 즉 홀로코스트처럼 잔학한 일은 앞으로 유대인뿐 아니라 다른 누구에게도 일어나서는 안 된다고 확신했던 것입니다. 이런 보편적인 가치관을 전제로 이스라엘의 점령 정책을 규탄하고, 지도력을 발휘하지 못하는 팔레스타인 과도 자치정부 의장 아세르 아라파트에게도 가차 없이 비판을 퍼부었습니다.

화해를 시도하다
··

에드워드 사이드가 세상을 떠나기 전까지 마음을 터놓고 지내며 두 민족의 화해를 위해 함께 작업하기도 했던 한 유대인(이스라엘 인)이 있습니다. 피아니스트이자 지휘자인 다니엘 바렌보임입니다. 유대인임을 자랑스럽게 여기고 이스라엘을 사랑하는 사람이지만, 이스라엘 정부의 점령 정책에는 비판적이며 어떻게든 두 민족이 화해하는 쪽으로 방향을 틀 수는 없을까 열심히 모색하는 사람이기도 합니다.

자국 정부에 그는 근원적인 비판을 가합니다. 프랑스 신문에 실은 의견에서는 "자유와 정의와 평화를 원칙으로 삼은 저 훌륭한 이스라엘 건국 선언은 어디로 갔는가"라고 물었습니다. 다른 사람들을 점령하고 지배하는 것, 즉 타자의 인권을 희생시켜 유지하는 이스라엘의 독립에 대체 어떤 의미가 있는가. 그는 이런 물음을 던졌습니다.

이미 눈치채셨겠지만, 사이드와 바렌보임은 같은 이야기를 하고 있습니다. '이스라엘보다 팔레스타인이 옳다'고 주장하는 것이 아니라, 아우슈비츠 이후 그 누구도 겪어서는 안 될 비참함을 한 민족이 다른 민족에게 겪게 하는 것은 이상하다고 생각한다는 점에서이지요.

이렇게 두 사람은 민족의 화해를 위한 씨앗을 뿌리기로 하고 실행에 옮겼습니다. 1999년, 독일의 도시 바이마르에 이스라엘과 팔레스타인, 그 밖의 아랍 국가들에서 음악을 배우는 청년들을 초대하여 오케스트라를 편성하고 훈련하는 프로젝트를 시작했습니다.* 물론 여러 어려운 문제들도 있었지만, 끝내 멋지게 연주를 해냈습니다. 베토벤 교향곡 제7번을 훌륭히 연주한 모습을 기록한 영상도 남아 있습니다.

폐쇄성을 타파하다

··

2년 뒤인 2001년에 바렌보임은 단독으로 또 다른 시도를 했습니다. 히틀러가 좋아했다는 이유로, 본인이 극렬한 반유대주의자였다는 이유로 이스라엘에서는 연주가 금기시되었던 리하르트 바그너의 곡을 예루살렘에서 연주하는 것이었습니다. 이스라엘의 음악제에서 악극 〈트리스탄과 이졸데〉에서 짧게 발췌한 곡을 연주했습니다. 지휘대에서 청중의 동의를 구한 뒤 연주했지만, 공연장은 듣고 싶어 하는 사람과 그만두라고 요구하는 사람으로 나뉘어 큰 소란이 벌어졌습니다. 금기를 깼다며 이스라엘에서 큰 물의를 빚게 된 것입니다.

물론 바렌보임은 반유대주의자가 아니며 쓸데없이 물의를 빚으려 연주를 한 것도 아닙니다. 역사적으로 고초를 겪었던 경험이 비탕에 있다고는 해도, 배타적인 민속주의에 기울어 자신도 타인도 불행하게 만드는 조국을 걱정하며 그 폐쇄성을 좀

---

* 다니엘 바렌보임과 에드워드 사이드가 창단한 서동시집 오케스트라를 말한다. 서동
시집이라는 이름은 괴테의 『서동시집West–östlicher Divan』에서 따왔다. 파울 슈마츠니
감독의 〈다니엘 바렌보임과 서동시집 오케스트라〉라는 다큐멘터리 영화로도 만들어
졌다(역자 주).

더 보편적인 쪽으로 개방할 수는 없을까 생각했던 것입니다.

이 무렵의 경위를 비롯하여 사이드와 바렌보임이 함께 나눈 이야기를 담은 대담집(『평행과 역설 *Parallels and Paradoxes*』)이 2003년에 출판되었습니다. 이 책을 읽어보면 바렌보임이 바그너는 비열한 인간이며 그의 반유대주의는 추악하기 이를 데 없었다고 생각하면서도 그가 만든 음악의 훌륭함은 그것과는 별개라고 본다는 것을 잘 알 수 있습니다. 마치 민족 고유의 경험과는 분리하여 인정할 수밖에 없다고, 보편적인 가치를 외면하지 말자고 말하는 듯합니다.

사이드도 이에 화답했습니다. 같은 책에 실려 있는 소론에서 "음악은 민족, 국민성, 언어의 경계를 뛰어넘는다. 모차르트를 감상하기 위해 독일어를 알아야 하는 것도 아니고, 베를리오즈의 악보를 읽기 위해 프랑스 인일 필요는 없다"고 썼습니다.

타인을 가두어서는 안 된다

..

이 음악 대담의 숨겨진 주제는 '어떻게 해야 관용하는 마음을 더 키울 수 있을까'입니다. 사이드는 다른 국가, 다른 민족, 다른 인간 집단과 관계를 맺는 방식에 대해, 특히 대립하고 있는 사람들과의 관계에 대해 "우리는 상대방의 역사를 견뎌야 한다"라고 표현했습니다. 서로 상대방의 문화와 전통을 존중한다는 의미입니다. 특히 중동처럼 좁은 지역에서는 "사람들을 분리하자는 생각은 결코 성공할 수 없다"라고 그는 말했습니다. "좁은 곳에 가두어진 사람은 불안감이 커지고 피해망상이 심해지기 때문"이라는 것입니다.

바렌보임도 그에 화답하여 이렇게 말합니다. "혹시 언젠가 분쟁이 해결될 수 있다면, 오직 분쟁 당사자들의 접촉을 통해서만 가능하다." 사이드가 "견디다"라고 말한 것을 바렌보임은 "접촉"이라고 바꿔 말했습니다. 공통점은 다름 아닌 타자에 대한 '관용'입니다. 자신과는 다른 사람들도 자신과 마찬가지로 생존권을 가지고 있다고 인정하는 것입니다.

두 사람의 대담에는 생각지도 못했던 사실에 무릎을 치게 되는 대목이 있습니다. 사이드가 바그너의 반유대주의를 이야기하고 "자네는 유대인이고 나는 팔레스타인 사람이니까……"라고 말한 순간, 바렌보임이 "우리는 둘 다 셈(Sem) 인이지"라고 말한 것입니다. 셈 인은 보통 유대인을 말하지만 원래는 아랍인과 유대인을 모두 포함하는 셈 어족이라는 인간 집단을 가리키는 말이었습니다. 사이드도 잘 알고 있었지만, 바렌보임은 현재 서로 죽일 때의 경계선이 된 두 '민속'의 구별을 일부러 없애고 싶었던 것이겠지요.

이것은 중요한 점입니다. 지금까지 살펴본 다양한 평화 문제의 근저에 '경계' 문제가 자리하고 있기 때문입니다. 이제부터 이 문제를 자세히 살펴보겠습니다.

여덟 번째 이야기: 절망에서 화해로

5

다양한 분리 장벽

오키나와 현민을 에워싸다

··

오키나와에는 주일 미군의 기지와 시설 75%가 집중되어 있습니다. 그런데 면적은 일본 전체의 0.6%에 지나지 않아 오키나와 현 총 면적의 12%를 미군 기지가 차지하고 있습니다. 생활 속에 늘 위험이 자리하고 있으며, 여성을 대상으로 한 폭행을 비롯한 미군 범죄가 자주 일어나는 등 기지에 장악된 지역은 수없이 많은 고난을 겪어왔습니다.

현 내 도처에 미군 기지가 있고, 어느 곳이든 높은 철망 울타리로 둘러싸여 있습니다. 하지만 잘 보면 울타리는 기지 쪽을 향해 있지 않고 오키나와 사람들이 사는 시가지를 향해 굽어 있다는 사실을 알 수 있습니다. 모두 그런지는 확실하지 않지만, 오키나와 주민분에게 이야기를 듣고 방문할 때마다 주의 깊게 본 한은 그랬습니다. 말하자면 울타리는 미군 기지가 아닌 오키나와 사람들을 에워싸고 있다는 인상을 받습니다. 그 광대한 기지가 일본의 안전과 평화를 위한 것이라는 의견도 있다는 사실은 알고 있지만, 적어도 울타리를 보면 평화의 상징이라고 생각하기는 어렵습니다.

어느 쪽으로 굽어 있는지는 차치하고, 오키나와에서도 다른 곳에서도 울타리나 벽은 역사상 평화롭지 않은 사회 상황을 의미하는 경우가 많았습니다. 울타리나 벽의 양쪽에 사는 사람들이 서로 이질적이라고 단정하는 경우에는 특히 그렇습니다. 예를 들면 1989년까지 존재했던 베를린 장벽이 그랬지요. 분단된 베를린의 시민은 또 다른 감정을 품고 있었을 테지만, 공식적으로는 장벽 너머에 자신들을 위협하는 사악한 사람들이 살고 있다고 서로 생각했습니다.

그런 벽이 있는 한 평화는 찾아오지 않고, 평화로운 관계에 있는 사람들 사이에 벽이 필요하지 않다는 사실은 1989년에 입증되었습니다. 저도 그 전 해에 장벽을 보러 갔는데, 동쪽에서 서쪽으로 탈출하려다 총살된 사람들을 위해 벽에 십자가가 여럿 그려져 있는 처참한 모습에 말문이 막혔던 기억이 있습니다. 냉전 종식의 숨결이 느껴지기 시작한 무렵이었기에, 벽을 거추장스럽게 여기는 시민들도 많을 것이며 머지않아 무너지지 않을까 하고 직감했습니다.

팔레스타인 분리 장벽

··

팔레스타인 문제로 돌아가겠습니다. 사이드와 바렌보임 같은 사람들이 깊은 사려를 보여도, 팔레스타인과 이스라엘의 양식 있는 사람들이 노력해도 문제는 개선될 조짐이 보이지 않습니다. 물론 오래도록 폭력과 증오가 이어진 지역에서 당사자들에게 '하나가 되어 한 나라를 만드시오'라고 말하기란 무리입니다. 2003년 4월 유엔, EU, 미국, 러시아가 작성한 중동 평화 로드맵에도 나와 있듯이 우선은 팔레스타인 국가의 건설을 인정하고, 그 국가와 이스라엘의 평화 공존 체제를 만드는 것만이 현실적인 해결책일지도 모르겠습니다.

이는 **경계를 설정하는** 것이지만 **'접촉'을 방해하는 벽을 만드는** 것과는 분명히 다릅니다. 두 민족 간의 증오와 적대 행위를 부추기는 '눈에 보이지 않는 경계'는 이미 존재하고 있으니, 오히려 그 경계를 없애려 국경이라는 법적인 경계를 설정하는 것이라고 봐야겠지요. 국경을 넘어서 '관용을 베풀며 살기' 위해서는 우선 넘어서야 할 국경이 확실히 설정되어 있어야 한다는 것입니다. 이 지역이 짊어진 괴로운 역사입니다.

하지만 또 다른 문제가 일어났습니다. 증오와 적대의 '눈에 보이지 않는 경계'를 눈에 보이게 만들겠다는 듯이, 이스라엘이

2002년부터 요르단 강 서안 점령 지역을 둘러싸고 곳에 따라서는 그 안까지 파고드는 '분리 장벽'을 건설하기 시작했습니다. 2005년 8월까지 213킬로미터만큼의 공사가 이루어졌고(유엔 총회 문서), 완성되면 총 길이가 670킬로미터에 이를 예정입니다. 벽 부분과 철망 울타리 부분이 있는데 벽의 높은 부분은 무려 8미터에 이릅니다. 이스라엘 측은 팔레스타인의 '테러리스트'가 이스라엘에 침입하지 못하도록 방지하기 위함이라고 주장하지만, 팔레스타인 사람들의 생활을 더욱 분단하는 등 큰 영향을 미치기에 팔레스타인의 화평을 더욱 늦추지는 않을까 우려됩니다.

하지만 2004년 7월 9일 국제사법재판소가 분리 장벽이 국제법에 위반되며 철거해야 한다는 권고적 의견을 제시했습니다. 유엔 총회의 요청에 따른 것으로, 유엔의 사법 기관인 국제사법재판소가 팔레스타인 문제에 관해 처음으로 제시한 법적 판단입니다. 재판소는 분리 장벽의 건설이 위법이라고 했을 뿐 아니라, 분리 장벽을 철거해야 하고 그에 따른 손해를 배상해야 하며 유엔은 후속 조치를 마련해야 한다고 매우 구체적인 판단을 내렸습니다. 유엔 총회에서도 7월 20일에 이 판단을 압도적 다수로 지지하고 이스라엘에 이 의견을 따르도록 요구했습니다. 적대를 상징하기라도 하는 듯한 장벽에 국제사회 전체가 얼마나 혐오감을 가지고 있는지 일련의 흐름을 통해 잘 알 수 있습니다.

1940년에 세워졌던 벽

..

물론 팔레스타인 과격 세력의 자폭 공격을 두려워하는 이스라엘 시민이 많은 것도 사실이며, 그들을 지켜야 하는 이스라엘 나름의 이유도 있겠지요. 하지만 장벽이 증오와 폭력의 악순환을 끊을 수 있다고는 볼 수 없습니다. 폭력은 언제나 경계를 넘으려 도사리고 있으므로 높은 벽으로 폭력을 막으려 해도 거의 불가능합니다. 그런 의미에서 이스라엘의 분리 장벽은 **단순한 국경**과는 명백히 다릅니다. 사람들의 '접촉'을 차단하고 증오를 키우며 평화를 더욱 멀어지게 하는 경계선인 것입니다.

분리 장벽을 건설하는 영상을 보며 한 가지 떠오르는 것이 있습니다. 제2차 세계대전 전에 폴란드의 바르샤바를 비롯한 몇몇 도시에서 유대인을 에워싸기 위해 만든 게토라는 지구입니다. 바르샤바 게토에는 특히 많은 사람들이 가두어져 바르샤바 인구 약 140만 명 중 44만 명 이상이 게토에 갇혀 살았습니다. 기록에 따르면, 면적은 3.36제곱킬로미터로 좁았고 사람이 가득 들어찬 빈민가나 다름없는 지구였다고 합니다.

바르샤바 게토도 길고 높은 벽으로 주위와 격리되어 있었습니다. 완전히 폐쇄되어 있지는 않았지만, 유대인은 구역 밖에서 살도록 허용되지 않았습니다. 유대인이 말로 다 할 수 없는 고통을 맛본 시대였습니다. 얄궂게도 그 시대에는 **유대인들이** 저항하려 할 때마다 '테러리스트'라고 불렸습니다.

21세기가 된 지금 그런 상황을 반전한 듯한 광경이 팔레스타인에서 펼쳐지고 있는 것을 보며 평화에 이르는 여정이 얼마나 긴지를 느낍니다. 그리고 이런 현실에 대해서는 사이드를 따라 '타인을 가두어서는 안 된다'라고밖에 말할 수 없습니다. 1940년에 바르샤바에서 유대인을 가두어서는 안 되었고, 2002년 이후 지금까지 요르단 강 서안에서 팔레스타인 인을 가두어서는 안 된다고 계속해서 말할 수밖에 없습니다.

여덟 번째 이야기: 절망에서 화해로

6

세계를 향해
활짝 열린······

좀처럼 열리지 않는 일본

..

1996년에 타계한 정치학자 마루야마 마사오의 대표 저작 중에 「개국開国」(1959)이라는 제목의 논문이 있습니다. 학창 시절에 이 논문을 읽고 인상에 강렬히 남았던 부분은 논문의 내용은 물론, 서두에 나온 "우리 도시 국가(polis)는 세계를 향해 활짝 열려 있다"라는 인용구였습니다. 기원전 5세기의 고대 그리스 아테네의 정치가 페리클레스가 전사자에게 바친 장례 연설의 한 대목입니다. 전란이 잦은 시대였기에 개방성이 평화로 직결되지는 않지만, 자신들의 개방적인 민주주의에 대한 자부심이 느껴져 묘하게 인상에 남았습니다.

이 논문 자체는 막부 말기의 **개국** 이래 일본이 진정으로 외부에 **열린 사회**가 되었는지를 분석한 것입니다. 일본의 개국과 막번 체제(幕藩體制)의 붕괴는 이를테면 '번'이라는 이름의 닫힌 사회 300곳이 열렸음을 의미합니다. 그렇다면 그 뒤에 일본이라는 나라는 열린 사회가 되었을까요? 이 점에 관한 마루야마 마사오의 결론은 아주 예리합니다. 분명 그때 한 번은 수없는 닫힌 사회의 장벽을 허물었지만, 그 뒤 탄생한 민중의 에너지를 전쟁 전의 일본은 천황제 국가라는 "하나의 닫힌 사회의 집합적 에너지"로 전환했다는 것입니다. 이 전환이 "만방무비(万邦無比)*의 일본 제국"을 탄생시킨 역사적 비밀이라고 그는 지적합니다. 이것이 결국 일본에 평화가 아닌 파괴를 가져오고 말았다는 사실은 새삼 말할 것도 없습니다.

논문은 일본이라는 나라가 좀처럼 밖을 향해 열린 사회가 되기 어렵다는 근본적인 점을 지적합니다. 그렇다면 어떻게 해야 열린 사회를 만들 수 있을까요. 이 점에 관해 그는 지금까지 이 책에서 살펴본 내용과 완벽히 겹치는 이야기를 합니다. 즉 외부의 이질적인 사회와 자주 접촉하는 것, 타사를 향한 관용 정신을 기르는 것, 그러기 위해 자유로운 토론을 중시하는 것 등입니다.

일본 사회도 최근에는 많이 변하고 있지만, 난민 수용에 소극적이고 인도적 배려가 부족한 방식으로 (불법 체류자를) 강제 송

---

* 어떤 나라와도 비교할 수 없다는 뜻(역자 주).

환하는 사례가 여전히 있는 현실을 보면 아직 열리지 않은 면이 많은 것 같습니다. 말하자면 타자와의 접촉을 끊고 **자신들을** 가두는 방식입니다만, 이는 **타인을** 가두는 것만큼이나 평화를 멀어지게 하는 행동입니다. 그리고 페리클레스를 따라 "우리 조국은 세계를 향해 활짝 열려 있다"라고 말할 수 있는 것이 얼마나 자랑스러운 일인지 새삼 생각해봅니다.

개방성과 보편성

..

열려 있는 것, 가두지 않는 것, 틀어박히지 않는 것을 왜 이토록 중요시하는 것일까요. 간단히 말하면 그렇게 함으로써 비로소 독선적이지도 배타적이지도 않고 누구나 공유 가능한 평화의 기초를 만들 수 있다고 보기 때문입니다. 혹은 벽이나 경계는 개방성과 관용에 정면으로 반하기에 본질적으로 평화와 공존할 수 없다고 생각하기 때문입니다.

실제로 13세기 무렵부터 유럽 사상계에 부상한 다양한 '평화 구상'에는 일관된 특징이 하나 있습니다. 어떻게든 국경을 허물 수 없을까 하는 바람입니다. 여럿 제시된 평화 구상에는 대부분 '유럽의 의회를 만들자'라거나 '유럽의 연합을 만들자' 같은 주장이 포함됩니다. 국가로 나뉘어 존재하기 때문에 전쟁이 없어지지 않는다는 생각이 꽤 오래전부터 존재한 것입니다. 문제를 단순화한 생각이기는 하지만, 폐쇄적인 태도가 재앙을 초래한다는 것을 깨달았다는 점에서는 옳았다고 볼 수 있습니다. 이런 생각은 그 뒤에도 세계연방운동 등으로 계승되었습니다.

　세계에서 국경을 없애자는 구상은 그리 쉽게 실현하지 못하고 있지만, 나라들을 구별하는 벽이 흔들림 없이 유지되고 있는 것도 아닙니다. 첫 번째, 세계 연방은 실현되지 않았지만 유럽 연방과 비슷한 것은 만들어지고 있습니다. 바로 EU(유럽연합)입니다. 20여 개국으로 확대되어 서유럽에서 중유럽, 동유럽까지 포함하게 되었는데,* 기본 조약(유럽연합조약)에는 회원국이 "국경 없는 영역을 만든다"라고 나와 있습니다. '공동 시장'이라는 통칭이 쓰이기도 하기에 커다란 자유무역지대 같은 것이 만들어지는 것뿐이라고 생각되기 쉽지만, 사실은 '국경 없는 유럽'을 만들려는 장대한 계획이라는 점을 잊어서는 안 됩니다. EU에 대해서는 아홉 번째 이야기에서도 살펴보겠습니다.

　두 번째, 세계 국가들이 하나로 뭉쳐 세계 연방이라는 눈에 보이는 정치체를 만드는 데까지는 이르지 못했지만, 눈에 보이지 않는 형태로 국경을 넘어 서로 침투하고 있습니다. 20세기 말부터 국가가 상대화되기 시작했습니다. 여섯 번째 이야기에서 NGO가 세계적으로 많아지고 활발히 활동하고 있다는 것을

＊　2004년에 25개국으로 늘어난 뒤 2007년에 27개국, 2013년에 28개국으로 늘었다. 2016년 6월에는 영국에서 EU 탈퇴 여부를 묻는 국민투표가 실시되어 찬성표가 과반수를 얻었다(역자 주).

살펴봤습니다. 이런 현실은 바로 국가의 상대화 또는 국가 주권의 상대화와 밀접한 관계를 맺고 있습니다. '시민 사회의 보편화'라는 표현이 쓰이는 경우도 있습니다(사카모토 요시카즈,『상대화의 시대相対化の時代』, 1997).

시민 사회의 보편화란 세계 사람들이 공통의 사상과 행동 양식을 공유하는 것, 다시 말하면 "사회 관계와 역사 과정의 인간화"가 촉진되는 것을 의미합니다(같은 책). 이런 '상대화'는 아마도 평화와 질서로 이어질 가능성을 더욱 많이 품은 '상대화'라고 볼 수 있겠지요. 한편으로는 **국가**를 키워드로 한 분단이 극복되고, 한편으로는 **인간**을 키워드로 한 통합이 이루어지기 때문입니다.

여기서 비로소 **인간적**인 것, **개방적**인 것, **보편적**인 것이 나란히 이어집니다. 그렇다면 어떻게 자기 자신을 개방해야 할까요. 마지막 아홉 번째 이야기에서는 이 문제를 생각해보고자 합니다.

이웃과의 평화

자신을 가두어서는 안 된다

(사진 제공: 교도통신사)

서울의 일본 대사관 앞에서 항의 집회를 계속하는 '위안부' 피해자들.

1

적의 울타리를
넘어서

쉬망 계획

..

1950년 6월 25일, 동아시아에서 비참한 한국 전쟁이 발발했습니다. 한편 5일 전인 6월 20일부터 파리에서는 역사적인 조약을 둘러싼 협상이 시작되었습니다. EU의 기원인 유럽석탄철강공동체(ECSC)를 설립하기 위한 조약 협상이었습니다(날짜는 현지 시간).

계기는 한 달 전쯤인 5월 9일에 프랑스의 로베르 쉬망 외무장관이 발표한 선언이었습니다. 프랑스와 독일이 석탄과 철강 생산을 완전히 통합하고 국가를 초월한 공동 사업으로 만들자고 제창한 것입니다. 이것이 '쉬망 계획'입니다. 5년 전까지만 해도 전쟁을 하고 있던 두 나라가 기간 산업을 공동 사업으로 삼고, 그것도 전쟁에 필요한 '전략 자원'이자 종종 두 나라가 전쟁을 벌이는 원인이기도 했던 석탄과 철강을 국제적으로 관리하자는 내용이었습니다. 전 세계가 놀랐습니다.

쉬망의 선언은 이런 내용입니다. 세계 평화를 구축해야 하며, 유럽의 평화를 구축해야 한다. 그러기 위해서는 몇 세기나 계속된 프랑스와 독일의 대립에 종지부를 찍어야 한다. 그 목적을 위해 석탄과 철강을 공동 자원으로 삼자. "이렇게 석탄과 철강 생산을 통합하고 함께 관리하면, 프랑스와 독일 사이에 전쟁은 상상도 못 할 일이 될 뿐 아니라 물리적으로 불가능해지기 때문이다."

독일은 1년 전에 동독과 서독으로 분열되었고, 프랑스는 그중 서독과 손을 잡으려 했습니다. 서독은 쉬망 선언에 찬성했습니다. 다른 4개국(벨기에, 네덜란드, 룩셈부르크, 이탈리아)도 가세하여 파리에서 설립 협상을 시작했습니다. 그리고 이듬해 1951년 4월에 협상을 마무리하여 마침내 ECSC 설립 조약을 조인했습니다. "석탄과 철강을 공동의 자원으로 삼아 항구적인 평화를 실현한다"라는 말은 꿈 같은 이야기처럼 들리기도 하지만, 더 본질적인 목적은 석탄과 철강을 실마리로 프랑스와 독일이 화해하는 것이며, 석탄과 철강을 통해 연대하여 상대방에게 자신을 개방하는 것이기도 합니다. 실제로 그 뒤 독일과 프랑스는 물론 두 나라와 함께 EC(유럽공동체, 후일의 EU)에 참가한 나라들 **사이**에서는 전쟁이 상상도 못 할 일이 되었습니다.

정신적 자폐 상태를 벗어나다
··

물론 평화라는 이상만 가지고 일이 진척되었던 것은 아닙니다. 프랑스는 자원을 확보하고자 했습니다. 서독도 동독에 맞서기 위해 국력을 강화할 계기를 만들어야겠다는 생각이 있었습니다. 또 두 나라 모두 제2차 세계대전 종전 뒤 세계 경제 속의 경쟁에서 살아남을 힘을 길러야 했고, 소련을 맹주로 하는 공산권과 맞설 대비도 해야 했으며, 우방인 미국의 다양한 통제에 대항할 수 있는 자립성도 길러야 했습니다. 한국 전쟁을 계기로 미국은 서유럽에 더 강력히 군비확장을 요구하기 시작했습니다. 이런 정치적 의도가 있기는 했지만, 그럼에도 역시 '전쟁 없는 유럽'을 향한 희구가 큰 요인으로 작용했습니다.

프랑스에서도 독일에서도 국론이 쉽게 통일되지는 않았습니다. 서로에 대한 경계심은 뿌리 깊이 남아 있었습니다. 특히 패전국 독일에서는 연방 의회에서 조약안을 심의할 당시, 앞으로 자원이 국제적으로 관리되어 독일은 영원히 무력한 소수파에 머무를 수밖에 없을 것이라는 반대론이 제기되었습니다. 이에 쉬망 계획 추진파인 콘라트 아데나워 총리는 "이 구상에 합류함으로써 독일은 전후 처음으로 고립 상태에서 벗어날 수 있고, 다른 유럽 국가들과 대등한 파트너가 될 기회를 잡을 수 있다"

라고 설득했습니다.

　자신을 개방하는 일은 프랑스에도 중요했지만, 30년도 안 되는 기간 동안 두 번이나 침략국이라는 낙인이 찍힌 독일로서는 더욱 의의 있는 결단이었습니다. 독일을 붕괴로 이끈 나치즘의 근원은 사상적으로 자신을 세계로부터 가두는 것이었다고도 할 수 있기 때문입니다.

　씨앗은 이미 19세기에 뿌려졌습니다. 프랑스의 사상가 줄리아 크리스테바는『우리 안의 이방인*Etrangers à nous-mêmes*』에서, 19세기에 독일에서 발흥한 국가주의는 세계주의를 몰아내고 신비주의적인 낭만주의로 후퇴하여 과거에 대한 절대적 신앙, 민족성, 국가 같은 망령 속에 틀어박히는 것이었다고 말했습니다. 그리고 그것은 "이성을 넘어선, 동족만 존재하는 고립 지대" 였다고도 했습니다. 그런 정신적인 자폐 상태가 독일을 포학하게 만들고 붕괴시켰습니다. ECSC에 참가함으로써 독일은 그 전통과 결별할 수 있었던 것입니다.

백장미 통신

··

　제2차 세계대전 당시로 돌아가보겠습니다. 1942년부터 1943년에 걸쳐 독일에서 나치 타도를 부르짖은 인쇄물「백장미 통신」을 몰래 배포한 청년 7명의 단체가 있었습니다. 40대 후반의 대학 교수도 한 사람 있었습니다.

인쇄물은 여섯 종류였습니다. 여섯 번째까지 발행한 뒤 1943년 2월부터 이듬해 가을에 걸쳐 단원들이 차례차례 체포되어 처형되었습니다. 2005년에 영화로 만들어졌으니* 한스 숄과 조피 숄 남매의 이름이 비교적 잘 알려져 있을지도 모르겠습니다. 나치즘과 히틀러 때문에 독일 민족이 파멸해가는 데 위기감을 느끼고, 말 그대로 목숨을 걸고 비판을 가한 사람들입니다. 당시 벌어진 저항 운동 중 하나로서 독일에서는 지금도 많은 사람들의 존경을 받고 있습니다.

"독일 국민이여, 당신들의 마음에 입힌 무관심이라는 망토를 찢어버려라"라는 유명한 말이 보여주듯이 인쇄물마다 절박한 위기감이 가득합니다. 그들은 이런 질문을 던졌습니다. 독일인은 유대인이 겪었던 것과 같은 운명을 원하는가? 독일인은 영원토록 세계의 미움을 받는 존재로 남고 싶은가?

막다른 상황에서 저항 운동을 벌였기에 인쇄물의 내용에도 히틀러를 타도하자거나 히틀러와 추종자에게 무거운 벌을 내리자는 등 '**지금을 바로잡기**' 위한 과격한 말이 많지만, "무관심이라는 망토"를 뒤집어쓴 마음뿐 아니라 독일이라는 나라 자체를 세계를 향해 열지 않으면 평화를 이룰 수 없다는 그(그녀)들의 세계관을 엿볼 수 있습니다.

특히 다섯 번째 인쇄물에는 독일은 이제부터 유럽의 일원으

---

* 영화 제목은 〈소피 숄의 마지막 날들〉(역자 주).

1. 적의의 울타리를 넘어서

로 살아가야 한다는 내용이 있습니다. "(독일의 전신이자 절대주의 국가였던) 프로이센의 군국주의는 두 번 다시 권력을 쥐어서는 안 된다." "유럽 민족들의 관용 있는 협동에 의지할 때 비로소 독일이 새롭게 태어날 기반을 얻을 수 있다." 그리고 결정타로 "자급자족 경제 같은 환영은 유럽에서 사라져야 한다"라고 부르짖었습니다.

군국주의와 자급자족 경제라는 환영을 버리고 유럽의 동료들과 함께 살아가자는 것입니다. 아데나워가 '백장미단'에 대해 얼마나 알고 있었는지는 모르겠지만, 이는 그야말로 쉬망 계획으로 시작된 유럽 통합의 이념이 아닙니까? 민족의 파멸을 막고자 하는 청년들이 민족을 개방한다는 뜻을 가슴속에 품었던 것입니다.

2

일본과 독일

외로이 빚을 떠안으며

..

비슷하게 주변 국가들과 다른 민족에 피해를 주고 패전한 나라이지만, 종전 뒤 일본과 독일이 걸어온 길은 많이 다르다고들 합니다. 피해를 준 나라들에 대한 국가 배상과 사람들에 대한 개인 보상, 국가들과 개인들에 대한 사죄, 재앙을 일으킨 구체제 사상과 중심 인물이 복권하는지 점검하는 일 등과 관련해서입니다. 이 중에서 구체제 사상과 인물이 부활하거나 복권한 사례는 독일에도 있다고 비난하는 사람도 있지만(랄프 조르다노, 『제2의 죄 *Die zweite Schuld*』), 그 밖의 점에서는 분명 몇 가지 차이점이 있습니다.

일본이 피해를 준 나라들에 어느 정도 배상(혹은 그에 준하는 지불)은 하고 있지만 액수가 충분하지 않다는 점을 반성할 필요도 있고, 강제 연행된 피해자 등에게 개인 보상이 거의 이루어지지 않았다는 문제도 남아 있습니다(아와야 겐타로 외,『전쟁 책임·전후 책임, 일본과 독일은 어떻게 다른가戦争責任·戦後責任 日本とドイツはどう違うか』, 1994). 독일도 배상 면에서 다양한 문제점을 안고 있지만 각종 개인 보상을 실시해온 것도 사실이며, 그로써 일본과는 달리 인간의 고통에 가득 찬 항의를 줄기차게 받지는 않을 수 있었습니다.

'위안부' 문제에 대해서도 과거 피해를 입은 여성들의 호소가 여전히 끊이지 않고 있으며, 1998년 「유엔 맥두걸 보고」(「무력 분쟁시 조직적 강간, 성 노예제 및 노예제 유사 관행에 관한 최종 보고서」)에서 일본 정부에 책임이 있다고 하며 충분한 구제를 위한 조치를 취할 의무가 있다고 결론 내렸음에도 정부는 받아들이지 않았습니다. 한번 확실히 청산해야 국가로서도 '덕'을 되찾고 더욱 자유로워질 수 있을 텐데, 불가능한 일일까요.

과기의 가해 행위를 '없었던' 것으로 할 수는 없으며(일본 정부도 어떤 문제이든 그렇게 말하지는 않습니다), 가해자가 '그냥 넘어가자'고 할 수는 없습니다. 그리고 청산이 끝날 때까지는 고통을 호소하는 희생자들의 목소리에 계속 귀를 기울이는 수밖에 없습니다. 총리와 정부 인사의 야스쿠니 신사 참배 문제도 마찬가지로, 그로 인해 고통의 기억을 떠올리는 사람이 많다면 참배는 '마음의 문제'(즉 '내 마음이야'라는 의미입니다)라고 말하고 넘어갈 수는 없습니다. **과거**의 행위를 어떤 **미래**로 연결시키려 하는지가 **현재**의 행위로 나타나기 때문입니다.

물론 전사자들은 가슴 깊이 애도해야 합니다. 그중 많은 사람들이 "정부의 행위에 의해" 일어난 "전쟁의 참화"(일본국헌법 전문)의 희생자이기 때문입니다. 하지만 추도는 다른 방법으로 해야 하지 않을까요.

이웃들과 함께하는 공동의 장 — 독일의 이점

독일은 전후 처리를 적절히 하고 일본은 적절히 하고 있지 않다는 일면적인 시각을 강조하려는 것은 아닙니다. 다만 일본과 독일은 패전 후를 살아가는 환경 면에서 큰 차이가 있었다는 점은 좀 더 주목할 만합니다. 전쟁 책임을 스스로 질 뿐 아니라 이웃들과 협동하는 장 속에서 살아가기 시작했는지의 여부에 따른 차이입니다. 쉬망 선언이 있었던 프랑스가 화해의 손을 내밀어주기도 하여, 독일에는 종전 직후 EU의 전신에 해당하는 '협동의 장'이 마련되었습니다. 하나의 틀에 묶여 있는, 하지만 주변의 동료와 함께 살아가는 환경이 패전 후 독일에 갖춰진 것입니다. 일본에서는 그렇지 않았습니다.

독일을 외부로 개방시킨 환경을 마련해준 것은 ECSC만이 아니었습니다. 그에 앞서 1950년에 유럽평의회(Council of

Europe)라는 국제기구에도 가입했습니다. 1949년에 서유럽과 북유럽 국가를 중심으로 창설되어 다양한 종류의 국제협력을 추진하는 기구로, 특히 공통된 수준으로 기본적 인권을 보장하는 데 주안점을 둡니다. 독일은 초창기부터 참여하여 '동료들과 같은 수준으로 인권을 보장하는' 체제를 받아들였습니다. 「백장미 통신」의 한 구절에는 "언론의 자유, 종교의 자유, 그리고 범죄자적인 폭력 국가의 자의로부터 한 사람 한 사람의 시민을 지키는 것. 그것이 새로운 유럽의 기초이다"라는 내용이 있습니다. 정말 그렇게 되어간 셈입니다.

이웃을 안심시키다

..

그 밖에 독일은 1955년 NATO(북대서양조약기구)에도 가입했습니다만, 특히 의미 깊은 일은 역시 경제와 인권 분야에서 '국가를 초월한' 기구에 소속되어 이웃들과 발을 맞춰야 하는 환경에 속하게 된 것이라고 볼 수 있습니다. 종전 후 독일도 순조롭게 발전했던 것은 이런 환경에 둘러싸여 어떤 경우든 독일만 튀는 일은 없었기 때문이기도 합니다.

경제는 EU(예전에는 흔히 EEC, 유럽경제공동체라고 불렸습니다) 체제 안에서 운영하므로 경제 대국이 되어도 독일만 승자가 되는 일은 없습니다. 또한 유럽평의회는 회원국에 인권을 보장하도록 하는 권한을 가진 기관(유럽인권재판소 등)을 두어 다 함께 같은 기준에 따르는, 이를테면 '인권 보장의 공동체'를 형성했습니다.

과대평가해서는 안 되지만, 이렇게 과거에 대한 반성에 입각하여 과거의 피해자들과 함께 행동할 수 있는 환경이 갖춰졌다는 것은 역시 의미 깊은 일이었습니다. 실제로 이런 공동의 장은 잘못을 저질렀던 나라에 불온한 변화가 보일 경우에 집단적으로 점검하는 기능을 맡을 수도 있습니다.

다른 나라의 예도 살펴보겠습니다. 한때 독일과 합병하여 마찬가지로 나치즘이 지배했던 오스트리아에서는 1999년 신나치 사상에 기반을 두었다고 알려진 극우 정당(자유당)이 세력을 확장하여 연립 정권을 세운 적이 있었습니다. 하지만 당시 다양한 방식으로 EU와 유럽평의회 회원국이 이의를 표명하여 자유당 대표는 곧 교체되었고, 자유당도 2002년 선거에서 의석을 많이 잃었습니다. 이렇듯 EU와 유럽평의회 같은 기구가 있다는 사실은 과거에 피해를 입었던 이웃들도 안심할 수 있는 요인입니다.

3

동아시아 공동체

ε

어떤 '공동체'인가

..

이런 내용을 봤을 때, 일본도 독일처럼 이웃들과 공동체를 구성해야 할지 생각해볼 필요가 있지 않을까요.

동아시아 지역에서도 어떤 '공동체'를 만들자는 논의가 있습니다. 동아시아 공동체라는 이름을 붙이는 경우가 많습니다만, 동북아시아 공동체를 구상해야 한다고 생각하는 사람도 있습니다. 2005년 12월 ASEAN(동남아시아국가연합) 10개국에 한중일 3개국, 호주·뉴질랜드·인도 역외 3개국을 추가한 16개국이 제1회 동아시아 정상회의(EAS)*를 개최하여 앞으로 어떤 '공동체'를 형성하기 위해 힘쓰자는 데 대략적으로 합의했습니다.

'어떤'이라는 막연한 표현을 쓰는 이유는 이 시점에서는 **어떤 나라**가 구성원이 될지, **어떤 내용**의 공동체가 될지 등 구상의 근본적인 점이 아직 불명확하기 때문입니다. ASEAN+3의 13개국이 될지, 미국의 뜻도 받아들여 역외 3개국을 추가한 16개국이 될지 알 수 없습니다. 또 공동체의 **내용**은 느슨한 자유무역지대(무관세 또는 저관세로 무역을 하는 지역) 정도가 될지, 장기적으로는 EU 같은 경제 통합을 지향하여 동아시아 연방 같은 공동체에 근접해질지 불명확합니다. 혹은 이렇게 경제에만 한정하지 않고 유럽평의회처럼 민주주의와 법의 지배를 강화하고 인권 보장에 힘을 기울이는 '인권 보장 공동체'를 지향할지, 유럽안보협력기구(OSCE)처럼 회원국 간의 상호 안보와 분쟁 해결을 위한 기구를 목표로 할 것인지도 알 수 없습니다.

이 책을 쓰는 시점에서는 대체로 경제 통합에 국한된 논의만 진행되고 있으며, EU 같은 고도의 경제 통합이 아닌 좀 더 느슨한 '통합'을 가정하고 있는 듯합니다. 아직 논의 단계이며 내용이 확실하지 않은 만큼 옳고 그름을 논할 수는 없지만, 만약 자유무역지대를 만드는 정도의 '경제 통합'이어도 시도해서 나쁠 것은 없겠지요. 세계의 다른 지역(라틴아메리카, 아프리카)에서도 빠른 속도로 그런 조직을 설립하고 있으며, 일본에도 (급격히 경제 대국이 되어가는 중국에도) 이웃들과 발맞추는 장이 있다

---

* 2011년에 미국과 러시아가 가입하며 회원국이 18개국으로 늘었다(역자 주).

면 큰 의의가 있기 때문입니다.

다만 이런 '공동체'를 만들어 지역의 화합을 추구하는 일은 바람직하지만, 이런 모습을 1951년에 유럽석탄철강공동체(ECSC) 설립을 추진하던 당시 서유럽의 상황과 단순 비교하기는 어렵습니다. 당시 유럽은 전쟁에 이긴 쪽도 진 쪽도 전후 복구에 한창 힘쓰고 있던 때였습니다. 함께 손을 잡아야 하는 강력한 이유가 있었습니다. 또 쉬망 계획에 잘 나타나 있듯이 그때는 기구를 설립하는 것 자체가 화해를 위한 중요한 첫걸음이었습니다. 기구 설립이 화해의 시작을 상징하고, 그 뒤 (EU 건설에 이르는) 화해와 전쟁 포기의 제도화로 이어지는 첫걸음이었던 것입니다.

화해와 공생이 근본이다

··

동아시아에서 '공동체'를 만들 때에도 특히 일본은 그것이 단순한 경제 협력의 도구가 아닌 이웃들 간의 화해를 시작하고 추진하기 위한 장이라는 이념을 견지할 필요가 있습니다. 다만 일본과 중국, 일본과 한국은 서로 간의 불신 관계가 60년도 넘게 청산되지 않은 상황이라 쉬망 계획 같은 '화해의 빅뱅'이 일어날 가능성은 낮습니다. 그러므로 느슨한 경제 공동체를 만들면 저절로 화해가 이루어질 것이라고는 기대할 수 없으며, 오히려 경제나 다른 분야의 '공동체'를 만들기 위해서는 그 전에 화해를 더욱 추진하여 신뢰 관계의 기초를 다져둘 필요가 있을 것입니다.

중일 관계만 보아도 사태를 어렵게 만드는 요인은 양쪽 모두에 있지만, 대원칙론으로는 이렇게 말할 수 있습니다. 즉 "일본과 중국 간에 진정한 신뢰 관계가 구축되지 않는 한 동아시아에 실효성 있는 '경제권' 또는 '경제 공동체'는 성립되기 어렵다. 하물며 '경제 공동체'를 넘어선 '공동체'가 성립되기란 불가능에 가깝다."(다니구치 마코토, 『동아시아 공동체─경제 통합의 향방과 일본東アジア共同体─経済統合のゆくえと日本』, 2004)

앞에 '경제'라는 말이 붙지 않는 '공동체'는 서로를 신뢰하는 이웃 간의 관계를 말합니다. 단순한 '시장 배분'이나 '서로의 시장에 진입하는' 관계가 아닌 서로 상대방을 (군사적·경제적으로) 위협적인 존재라고 느끼지 않고, 불화가 생겨도 대화로 풀수 있는 관계입니다. 경제는 이런 관계를 구축하기 위한 수단이지 목적이 아닙니다.

'공생'이라는 말은 꽤나 진부한 말이지만 이만큼 평화의 근본을 잘 나타내는 말은 없으며, 이 말만큼 자주 쓰이면서도 실제로는 실행에 옮겨지지 않는 말도 별로 없지 않을까 싶습니다. '나만 살겠다'라고 말하자마자 대개 싸움이 시작되어 세계는 평화롭지 않게 됩니다. 그러므로 국제적인 공생 체제란 어떤 것이며 공생하기 위해 무엇을 해야 할지 지혜를 모아야 합니다. 세계 전체를 대상으로 하기 어렵다면 우선 가까운 이웃들과의 화해와 공생부터 실천할 필요가 있겠지요. 그러지 않고서는 우리의 나라가 세계 평화에 공헌할 수도 없습니다.

4

마치며
: 청년들을 위해 희망을 말하다 :

평화 운운하는 것은 이상주의라는 말이 있습니다. '이상'이 아직 실현되지 않은 일을 바라는 것이라는 의미에서는 맞는 말일지도 모르지요. 하지만 아직 실현되지 않았지만 모두가 원하고 모두가 잃고 싶어 하지 않는다면, 이상을 향한 희망을 계속 생각하고 끊임없이 이야기해야 하지 않을까요.

예전에 정신분석학자 에리히 프롬(독일 출신. 이후 미국으로 망명)은 "희망을 잃으면 생명은 끝을 고한 것이다"라고 말했습니다. 그것은 "생명에 대한 사랑"에 뿌리를 두고 있으며, 그 사랑을 잃어버리면 인간은 모험주의, 무모함, 허무주의에 빠진다고 프롬은 말했습니다. 희망에 대해 그는 이렇게 말합니다.

"희망은 역설적이다. 희망은 수동적으로 기다리는 것도 아니고, 일어날 수 없는 상황을 억지로 일으키려는 비현실적인 태도도 아니다. 희망은 웅크린 호랑이 같아서 달려들어야 할 순간이 왔을 때 비로소 달려든다. 낡은 개량주의도 사이비 급진적 모험주의도 희망의 표현은 아니다. 희망을 가진다는 것은 아직 태어나지 않은 것을 위해 언제든 준비를 갖추고 있다는 것이며, 설령 한평생 아무것도 태어나지 않았다 해도 절망에 빠지지 않는 것이다. 이미 존재하는 것, 혹은 존재할 수 없는 것을 원해도 의미가 없다. 약한 희망만을 가지고 있는 사람이 다다르는 곳은 무사태평함이나 폭력이다. 강한 희망을 품은 사람은 새로운 생명의 온갖 징후를 발견하고 소중히 지키며, 이제 막 태어나려 하는 것의 탄생을 도우려 언제든 준비하고 있다." (E. 프롬, 『희망의 혁명 Revolution of Hope』)

"생명에 대한 사랑"이라는 말은 조금 추상적일지도 모르겠지만, 이 책에서 지금까지 살펴본 다양한 희생자들, 혹은 '빼앗긴 사람들'을 생각하는 것이라고 바꿔 말하면 알기 쉬울 것입니다. 아무런 죄도 없는데 전쟁터에서 목숨을 잃은 사람들, 성폭력의 대상이 되어 인간의 존엄을 철저히 빼앗긴 사람들, 아무리 일해도 입에 풀칠하기조차 어려운 사람들, 기초적 위생 상태조차 제공받지 못하는 아이들. 이 모든 사람들이 빼앗겨서는 안 되는 인권을 빼앗겼으며, 그렇다면 방치해서는 안 된다고 생각하는 것. 바로 이것이 '평화'를 생각하는 일이자 '희망'을 품는 일이기도 합니다.

"일어날 수 없는 상황을 억지로 일으키려는" 것이 아닙니다. '이것만 있으면 이만큼은 좋아지는' 일이 있다면(예를 들면 약간의 원조) 그것만이라도 하는 것, 혹은 '이것만 없으면 문제가 이렇게까지 나빠지지는 않는' 일이 있다면(예를 들면 일본 총리의 야스쿠니 신사 참배) 그 일을 구태여 강행하지 않는 것 등입니다.

평화를 향한 희망이나 이상은 바로 이런 것입니다. 그리고 희망과 이상을 생각하고 이야기하는 일은 포기할 수 없는 꿈을 다음 세대에 전하기 위함이기도 합니다. 여덟 번째 이야기에서 소개한 바이츠제커 전 서독 대통령은 같은 연설에서 과거 자신들이 저지른 잘못을 "마음에 새기자"라고 호소한 뒤 이렇게 이야기했습니다.

"우리 연장자들은 청년들에게 꿈을 실현해줄 의무는 지고 있지 않습니다. 우리의 의무는 솔직함입니다. 마음에 계속 새기는 일이 왜 이토록 중요한지 젊은 사람들이 이해할 수 있도록 도와야 합니다. 유토피아적인 구제론으로 도피하거나 도덕적으로 오만불손해지지 않고 역사의 진실을 냉정하고 공평하게 직시할 수 있도록 젊은 사람들을 돕고 싶습니다." (『황야의 40년』)

그러니 청년 여러분께('마음이 젊은[young at heart]' 분도 포함하여) 드리고 싶은 말이 있습니다.

평화에 대해 생각할 때, 모든 이상을 지금 당장 실현하기를 요구받고 있다고는 생각하지 말아 주십시오. 역사를 돌이켜보아도 조금씩 성과를 쌓아 나갈 수밖에 없는 것이 현실입니다. 저희 어른들이 하지 못했던 일을 모두 여러분의 책임으로 돌리고 남겨두지는 않을 것입니다. 적어도 전 세대에게서 물려받은 세계보다 나쁜 세계를 여러분에게 남기고 싶지는 않습니다. 그러니 혹시 저희가 그렇게 할 수 있다면, 부디 그 세계를 조금이라도 더 나은 곳으로 만들어주시기를 바랍니다.

아홉 번째 이야기: 이웃과의 평화

제가 처음으로 사서 읽은 이와나미 신서(新書)*는 안드레예바의 『잃어버린 대륙』(청판 506, 1963)이라는 책입니다. 1만 2000년 전, 하룻밤 사이에 대서양에 침몰했다고 알려진 수수께끼의 대륙 '아틀란티스'를 연구한 교양서입니다. 왜 이런 종류의 책을 골랐는지 저 자신도 잘 모르겠지만, 손에 잡히는 대로 뭐든 읽던 시절이었겠지요. 중학교 1학년에게는 다소 만만치 않은 책이었지만 재미있어서 푹 빠져 읽었던 기억이 있습니다.

그 뒤로도 이와나미 신서를 꽤 많이 읽었습니다. 그렇게 오

---

* 신서는 일본의 서적 판형 중 하나이다(가로세로로 105×173mm). 이와나미 신서는 출판사 이와나미 쇼텐이 간행하는 시리즈로, 1938년 11월 창간된 일본 최초의 신서 시리즈이다. 당시 "현대인의 현대적 교양"을 간행의 목적으로 삼았다. 붉은색 표지의 적판으로 시작되어 이후 청판, 황판, 신(新)적판으로 장정을 바꾸며 간행되고 있다 (역자 주).

랫동안 제게 이와나미 신서는 읽는 것이지 쓰는 것은 아니었습니다. 그런데 최근 5년 사이에 두 권이나 집필하게 되었습니다 (『인도적 개입』, 『유엔과 미국』). 저의 전문 분야를 전문가가 아닌 분들도 이해하실 수 있도록 집필하며 많이 배울 수 있었던 좋은 기회였습니다. 긴 인연 끝에 이렇게 기념비적인 신(新)적판 1000번째 책을 쓸 기회까지 얻었습니다.

읽으신 대로 이 책은 '평화'를 주제로 삼아 그와 관련된 사고의 기본을 잘 다지기 위한 책입니다. 앞서 펴낸 두 책도 이른바 '일반 대중'을 대상으로 하기는 했지만 책에서 다루는 문제가 낯선 분에게는 조금 어려운 부분도 있었던 모양이고, 그 두 책 사이의 '가교' 역할을 할 수 있는 책이 필요하다는 의견도 있었습니다. 머리말에 썼듯이 마침 기초 자료인 강의록이 이미 있었기에 조금 손을 보아 고쳐 쓰면 읽기 좋은 책이 될 것 같았습니다.

하지만 퍽 힘든 작업이었습니다. 2004년에 강의록을 썼을 당시에도, 이번에 대폭 내용을 추가하고 수정했을 때도 같은 이유로 힘이 들었습니다.

가장 큰 이유는 '평화'라는 표제로 이야기할 수 있는 논점은 셀 수 없이 많다는 점이었습니다. 국제관계의 평화도 있고 인간의 마음속에 있는 평화도 있습니다. 전쟁터에 관한 평화도 있고 일상생활에 관한 평화도 있습니다. 강제수용소에서 벌어지는 급속한 제노사이드도 있는 한편, 식량조차 없어 완만히 진행되는 제노사이드도 있습니다. 과거의 전쟁 희생자 문제, 파괴되어 가는 환경 문제도 있습니다.

이토록 수많은 논점 중 제한된 지면에 맞추어 무엇을 고를 것인가. 이는 매우 까다로운 작업입니다. 조금이라도 지식이 있는 사안이나 긴급도가 높은 문제를 주축으로 고르게 되지만, 기계적으로 그런 기준만 가지고 고를 수도 없는 노릇입니다. 사람들 사이에 '논의'가 성립될 만한 논점을 잘 고르고, 논의가 성립되도록 제시해야 하기 때문입니다. 또한 저자의 의견만을 말하고 끝낼 수도 없습니다. 제 의견('제멋대로인 주장'이 아닌 '분석에 근거한 소견'입니다)을 숨길 생각은 없지만, 책의 목적이 '함께 평화를 생각하기 위한 기본 교재'인 이상 이 목적에 맞는 구성을 우선시했기 때문입니다. 다만 '인권과 인도를 둘러싼'이라는 책의 부제를 붙인 시점에서 이미 저자 나름의 관점은 반영되었습니다.

이 책의 토대가 된 〈NHK 인간 강좌〉의 강의록을 정리할 때도 400자 원고지 200매, 장은 8장으로 나눈다는 제약 속에서 논점을 골랐습니다. 선택할 수 있는 논점에는 제약이 없었지만 정해진 분량만큼은 지켜야 했습니다. 그렇게 논점이 자연히 좁혀졌습니다.

이번에 신서로 펴내면서 400자 원고지 100매만큼 분량이 늘어나 새로운 내용을 많이 덧붙였습니다. 장은 정리하여 하나 추가했을 뿐이지만 여러 논점과 관점을 보완할 수 있었습니다. 그렇지만 마지막까지 살펴보지 못한 중요한 문제도 남았습니다. 아동 병사* 문제, 환경 문제, 평화 교육 문제 등입니다. 제가 이 모든 문제를 전문적으로 알고 있는 것은 아니지만, 어느 정도 알고 있음에도 지면 관계상 살펴보지 못한 문제도 있습니다. 이런 문제들은 언젠가 다른 기회에 다루도록 하겠습니다.

이번에도 이와나미 쇼텐 신서 편집부의 오다노 고메이 님에게 처음부터 끝까지 도움을 받았습니다. 오다노 님과는 이미 최고의 호흡으로 작업하고 있습니다만, 이번에는 일부 자료의 검색도 부탁드려 죄송하고도 감사합니다. 또 이번 기회에 〈NHK 인간 강좌〉 제작 당시의 제작진 여러분에게도 진심으로 감사하다는 말씀을 전하고 싶습니다.

---

* 소년병(少年兵)이라고도 한다. 소년병반대국제연합(Child Soldier International)의 홈페이지에 따르면, 군사적 목적에 동원되는 18세 미만의 아동(남녀 모두 포함)을 말한다(역자 주).

　요 몇 년간 그 어느 때보다도 테러 관련 뉴스를 자주 접하게 되었습니다. 세계 각지에서 내전과 분쟁이 계속되며 난민이 속출하고 있습니다. 고조되는 긴장 속에서 극우 세력이 대두하고, 이 책 속의 문장을 빌리자면 "자신과 타인을 가두려는 움직임"이 눈에 띕니다. 그런 모습을 보며 인류가 더 나은 방향으로 나아가기는커녕 퇴보하고 있는 것은 아닌가 하는 생각을 해본 적이 있습니다. 하지만 좀 더 곰곰이 생각해보면 인류의 역사는 늘 나아가고 뒷걸음치기를 반복해왔습니다.

　북한의 핵실험과 미사일 발사가 이어지던 시기를 지나, 2018년에는 남북 정상회담이 11년 만에 성사된 데 이어 최초의 북미 정상회담이 개최되었습니다. 한편 최근 우리나라는 난민, 양극화, 젠더, 환경 등 다양한 문제에 관한 사회적 논쟁으로 떠들썩합니다. 같은 문제여도 시대에 따라 기존과는 다른 방식의 접근법이 필요해지기에 제자리걸음을 하는 것처럼 보일 때도 있습니다. 지나친 낙관도 절망도 경계하며 차근히 나아가야 평화를 향해 한 걸음 내디딜 수 있음을 느낍니다.

이런 현실 속에서 평화의 의미를 끊임없이 묻고 생각해나가야 하는 우리에게 『처음 하는 평화 공부』는 좋은 길잡이가 되어주는 책입니다. 맺음말에도 나와 있듯이 '함께 평화를 생각하기 위한 기본 교재'이지요. 이 책은 평화를 바라보는 다양한 관점을 제시하며 우리의 시야를 넓혀줍니다. 전쟁, 테러, 국제기구, 국제법, 국제조약, 핵무기 같은 다소 어렵고 멀게 느껴지는 주제를 알기 쉽게 풀어냅니다. 그런 한편 인간의 본성, 인간의 기본적 권리, 일상의 소중함, 시민들의 활동, 사람과 사람의 관계도 살펴봅니다. 이 책을 읽으며 우리는 군사적 안보를 넘어선 평화의 더 넓은 의미를 배울 수 있습니다. 평화는 정치인이나 군인들만의 문제가 아닌 우리 자신의 문제이며, 우리 생활의 문제라는 중요한 메시지가 담겨 있습니다.

또 『처음 하는 평화 공부』는 여러 사례와 자료를 통해 분쟁과 갈등의 역사, 인류의 고통을 살펴봅니다. 평이한 문체로 풀어냈지만 그 속에 담긴 사건들과 교훈의 무게는 결코 가볍지 않습니다. 국가 간의 어리석은 힘겨루기, 전쟁터에서 희생되는 사람들, 전쟁이 남긴 상흔, 전쟁 중이 아니더라도 빈곤과 차별에 신음하는 사람들, 증오를 주고받는 사람들, 되풀이되는 비극. 평화를 공부하기 위한 이 책 속에서 우리는 평화가 파괴된 모습을 직시하게 됩니다. 10여 년 전에 출간된 책이지만 지금의 상황에 비추어보아도 시사하는 바가 많습니다. 현실에 대한 냉철한 시선이 담긴 이 책을 읽으며 현재를 성찰해보면 평화를 실현하기가 얼마나 어려운 일인지 절실히 느낄 수 있습니다.

하지만 이 책에 서려 있는 '희망'의 숨결에도 주목하고 싶습니다. 책 속에는 어려운 상황 속에서도 평화를 위해 계속 노력하는 사람들의 모습, 땀 흘려 이루어낸 값진 변화의 사례도 나와 있습니다. 그런 변화는 사실 지금도 일어나고 있다는 것을 독자 여러분도 아시리라 생각합니다. 그리고 이 책은 당장 모든 것을 다 이룰 수는 없다 해도, 설령 아무런 변화가 없다 해도 절망에 빠지지 않는 자세를 제시합니다. '현실적'이라는 단어는 어두운 모습을 직시할 때에 주로 쓰이는 경향이 있지만, 이런 희망적인 모습과 우리가 앞으로 품어야 할 희망도 분명 현실이라는 사실을 함께 기억했으면 합니다. 그 사실을 잊어버리면 평화에 대해 아무리 공부하고 생각해도 허무주의로 귀결되고 말 테니까요. 평화를 생각하는 저자의 목소리에 담긴 깊은 울림과 희망을 향한 믿음이 독자 여러분에게 조금이라도 전해졌으면 좋겠습니다.

이 책을 통해 알 수 있듯이 평화는 참 복잡한 문제입니다. 평화를 실현하는 수단, 방법, 중심이 되는 주체, 평화의 정의를 둘러싼 수많은 의견이 존재합니다. 그런 만큼 다양한 각도에서 섬세하게 접근한 책이지만, 읽으시며 내 생각은 다르다고 생각할 독자분들도 계실 것입니다. 하지만 사실 그건 당연한 일이며,

그렇기에 부단히 답을 찾아나갈 수밖에 없는 것이겠지요. 책에 언급된 여러 사건, 논점, 용어를 중심으로 공부하고 주변 사람들과 함께 토론하기 위한 교재로도 좋은 책입니다. 정답을 찾지 못하더라도, 함께 모색하는 과정 자체만으로도 평화를 위한 귀중한 토양이 될 것입니다.

책을 번역하며 많은 분들에게 도움을 받았습니다. 번역문에 관해 귀중한 조언을 주신 선생님들과 번역학과 동기들에게 감사드립니다. 늘 곁에서 응원과 격려를 보내주시는 가족과 친구들에게도 감사의 말씀을 전하고 싶습니다. 번역의 기회를 주시고 부족한 부분을 채워주신 궁리출판 여러분과 출간에 이르기까지 도움을 주신 관계자분들에게 감사의 인사를 전합니다.

김소라

전문가가 아닌 분들도 읽을 수 있는 책으로 각 이야기마다 다섯 권을 추리고, 대체로 주제 순에 따라 나열했습니다. 필자의 저작 중 이 책의 취지에 맞는 책이 많으므로 참고하실 수 있도록 따로 정리했습니다.

첫 번째 이야기 —

· 坂本義和『冷戦と戦争―坂本義和集2』岩波書店, 2004.

· メアリー・カルドー『新戦争論―グローバル時代の組織的暴力』山本・渡部訳, 岩波書店, 2003. (메리 캘도어, 유강은 옮김,『새로운 전쟁과 낡은 전쟁』, 그린비, 2010)

· ハワード・ジン『テロリズムと戦争』田中訳, 大月書店, 2003. (하워드 진, 이재원 옮김,『불복종의 이유』, 이후, 2003)

· 高柳先男『戦争を知るための平和学入門』筑摩書房, 2000.

· イマヌエル・カント『永遠平和のために』宇都宮訳, 岩波文庫, 1985. (임마누엘 칸트, 이한구 옮김,『영구 평화론』, 서광사, 2008)

두 번째 이야기 —

· 加藤俊作『国際連合成立史―国連はどのようにしてつくられたか』有信堂, 2000.

· 明石康『国際連合―その光と影』岩波新書, 1985.

· 香西茂『国連の平和維持活動』有斐閣, 1991.

· マラック・グールディング『国連の平和外交』幡新訳, 東信堂, 2005.

· 松井芳郎『湾岸戦争と国際連合』日本評論社, 1993.

세 번째 이야기 —

· 東京裁判ハンドブック編集委員会編 『東京裁判ハンドブック』 青木書店, 1989.

· 大沼保昭 『東京裁判から戦後責任の思想へ 第4版』 東信堂, 1997.

· 藤田久一 『戦争犯罪とは何か』 岩波新書, 1995. (후지타 히사카즈, 박배근 옮김, 『전쟁범죄란 무엇인가』, 산지니, 2017)

· アントニオ・カッセーゼ 『戦争・テロ・拷問と国際法』 曽我訳, 敬文堂, 1992.

· 多谷千香子 『「民族浄化」を裁く―旧ユーゴ戦犯法廷の現場から』 岩波新書, 2005.

네 번째 이야기 —

· ヨハン・ガルトゥング 『構造的暴力と平和』 高柳・塩屋・酒井訳, 中央大学出版部, 1991.

· 国連開発計画 『人間開発報告書1994』 国際協力出版会, 1994.

· アマルティア・セン 『貧困と飢饉』 黒崎・山崎訳, 岩波書店, 2000.

· マブーブル・ハク 『人間開発戦略 共生への挑戦』 植村ほか訳, 日本評論社, 1997.

· マーチン・ルーサー・キング 『良心のトランペット』 中島訳, みすず書房, 2000. (新装版)

다섯 번째 이야기 —

· スーザン・ソンタグ 『この時代に想う テロへの眼差し』 木幡訳, NTT出版, 2002.

· エリ・ウィーゼル / 川田順造編 『介入?―人間の権利と国家の論理』 廣瀬・林訳, 藤原書店, 1997.

· 高木徹『ドキュメント 戦争広告代理店―情報操作とボスニア紛争』講談社, 2002. (다카기 도루, 정대형 옮김, 『전쟁 광고대행사』, 수희재, 2003)
· ロニー・ブローマン『人道援助, そのジレンマ―「国境なき医師団」の経験から』高橋訳, 産業図書, 2000.
· 中村哲『アフガニスタンの診療所から』筑摩書房, 1993.

여섯 번째 이야기 ―

· クリスチャン・ベイ『解放の政治学』内山・丸山訳, 岩波現代選書, 1987.
· 阿部浩己『国際人権の地平』現代人文社, 2003.
· 三好亜矢子ほか編『平和・人権・NGO―すべての人が安心して生きるために』新評論, 2004.
· アムネスティ・インターナショナル日本『アムネスティ・レポート 世界の人権』(各年)
· 犬養道子『一億の地雷 ひとりの私』岩波書店, 1996.

일곱 번째 이야기 ―

· 石田雄『記憶と忘却の政治学―同化政策・戦争責任・集合的記憶』明石書店, 2000.
· 前田哲男『戦略爆撃の思想―ゲルニカ・重慶・広島への軌跡』現代教養文庫, 1997.
· NHK広島・核平和プロジェクト『核兵器裁判』NHK出版, 1997.
· 坂本義和『軍縮の政治学』岩波新書, 1982.
· 吉田文彦・朝日新聞特別取材班編著『核を追う―テロと闇市場に揺れる世界』朝日新聞社, 2005.

여덟 번째 이야기 —

・デイヴィッド・グロスマン『死を生きながら—イスラエル1993-2003』二木訳, みすず書房, 2004.

・エドワード・サイード『パレスチナ問題』杉田訳, みすず書房, 2004.

・広河隆一『パレスチナ 新版』岩波新書, 2002.

・S・ブルッフフェルド / P・A・レヴィーン / 中村綾乃『語り伝えよ, 子どもたちに—ホロコーストを知る』高田訳, みすず書房, 2002.

・丸山眞男『忠誠と反逆 転形期日本の精神史的位相』筑摩書房, 1992. (마루야마 마사오, 박충석·김석근 옮김, 『충성과 반역』, 나남출판, 1998)

아홉 번째 이야기 —

・インゲ・ショル『白バラは散らず—ドイツの良心ショル兄妹』内垣訳, 未来社, 1964. (잉게 숄, 송용구 옮김, 『아무도 미워하지 않는 자의 죽음』, 평단, 2012)

・鴨武彦『ヨーロッパ統合』NHK出版, 1992.

・加藤常昭『ヴァイツゼッカー』清水書院, 1992.

・加藤周一『加藤周一対話集3 〈国民的記憶〉を問う』かもがわ出版, 2000.

・VAWW.NET JAPAN 編訳『戦時・性暴力をどう裁くか 国連マクドゥーガル報告全訳』凱風社, 2000.

이 책과 관련된 저자의 간행물 —

・『国連システムを超えて』岩波書店, 1995.

・『人道的介入—正義の武力行使はあるか』岩波新書, 2001. (조진구 옮김, 『인도적 개입—정의로운 무력행사는 가능한가』, 소화, 2003)

・『国連とアメリカ』岩波新書, 2005.

・『国境なき平和に』みすず書房, 2006.

· 『国際機構論 第2版』東京大学出版会, 2006.

기타 전반적인 텍스트 —

· 日本平和学会〈グローバル時代の平和学〉刊行委員会『グローバル時代の平和学』全4巻, 法律文化社, 2004.
· 高畠通敏著, 五十嵐暁郎・佐々木寛編『平和研究講義』岩波書店, 2005.
· 岡本三夫・横山正樹編『平和学のアジェンダ』法律文化社, 2005.

처음 하는 평화 공부

1판 1쇄 펴냄 2019년 1월 10일
1판 2쇄 펴냄 2020년 7월 30일

지은이 모가미 도시키
옮긴이 김소라

주간 김현숙 | **편집** 변효현, 김주희
디자인 이현정, 전미혜
영업 백국현, 정강석 | **관리** 오유나

펴낸곳 궁리출판 | **펴낸이** 이갑수

등록 1999년 3월 29일 제300-2004-162호
주소 10881 경기도 파주시 회동길 325-12
전화 031-955-9818 | **팩스** 031-955-9848
홈페이지 www.kungree.com | **전자우편** kungree@kungree.com
페이스북 /kungreepress | **트위터** @kungreepress
인스타그램 /kungree_press

ⓒ 궁리출판, 2019.

ISBN 978-89-5820-562-3   03300